دفاتر التمارين

الفرنسيّة

للمبتدئين

ريتا نمور-ورديني

مقدّمة

يتألّف هذا الدفتر التطبيقيّ من ١٧ فصلاً وفيه ما لا يقلّ عن ١٧٠ تمريناً. يحتوي كلّ فصل على شرح مبسّط لقواعد متعلّقة بالنحو والصرف أو بالخصائص الفرنسيّة اللغويّة والثقافيّة.

تلحق كلّ قاعدة تمارين مسلّية صُمّمت خصّيصاً لتتناسب مع المستوى اللغويّ للمُتعلّم المبتدئ فتساعده على ترسيخ القواعد والمفردات الأساسيّة التي سبق له أن درسها وعلى اكتساب معلومات جديدة مفيدة ومتنوّعة.

ستجدون أيضاً في كلّ فصل جداول أسميناها "بنوك المفردات" تتضمّن مفردات فرنسيّة مُرفقة بترجمتها العربيّة لتسهيل فهم محتوى الفصل وحلّ التمارين المقترحة.

تنبيه: إنّ هذا الدفتر التطبيقيّ لا يتناول أصول الكتابة والقراءة إنّما يتطرّق إليها فقط من باب المراجعة. فإذا أردتم التعرّف إلى مبادىء الكتابة والقراءة بتعمّق، ننصحكم بإحدى هذين الكتابين وهما من منشورات ASSIMIL:

- "تعلّم الفرنسيّة" من مجموعة "هدف لغات" الذي يوصل المتعلّم إلى المستوى A2 أيّ المستوى الأساسي بحسب معايير الإطار الأوروبي المرجعي العام للّغات.
- "اللغة الفرنسيّة للناطقين بالعربيّة" من مجموعة "اللغات بدون صعوبة" الذي يوصل المتعلّم إلى المستوى B2 أيّ المستوى المتوسّط المرتفع أو الحرّ بحسب معايير الإطار الأوروبي المرجعي العام للّغات.

أخيراً، سيساعدكم هذا الدفتر التطبيقي على التقييم الذاتي لمعلوماتكم: فبعد تصحيح كلّ تمرين، أضيفوا التعبير المناسب على وجه الرمز (☺ إذا كان أغلب أجوبتكم صحيحاً، 😐 إذا كان ما يعادل نصف أجوبتكم صحيحاً و ☹ إذا كان أقلّ من نصف أجوبتكم صحيحاً). اجمعوا عدد الرموز التابعة لكلّ تعبير ودوّنوا المجموع في جدول النتائج النهائي المخصّص لهذا الهدف في آخر الدفتر التطبيقي.

فهرست

١٠- صفات وضمائر الملكيّة	٦٣	١- مراجعة مبادئ الأبجديّة والكتابة في الفرنسيّة	٣
١١- صفات وضمائر الإشارة	٦٩	٢- المذكَّر والمؤنَّث	١٠
١٢- بعض حروف الجرّ الأكثر استعمالاً	٧٨	٣- المفرد والجمع	١٦
١٣- المستقبل البسيط والمستقبل القريب	٨٧	٤- فعل الكيان وفعل الملك في المضارع (الحاضر) من الحالة الدلاليّة	٢١
١٤- حروف العطف	٩٣	٥- الصفة	٢٧
١٥- الأعداد الطبيعيّة والأعداد الترتيبيّة	٩٩	٦- تركيب الجملة المثبتة البسيطة	٣٤
١٦- الماضي المركّب	١٠٧	٧- أفعال المجموعة الأولى في المضارع (الحاضر)	٤٢
١٧- الجملة الاستفهاميّة والجملة المنفيّة	١١٤	٨- أفعال المجموعة الثانية في المضارع (الحاضر)	٥١
		٩- أفعال المجموعة الثالثة في المضارع (الحاضر)	٥٧

مراجعة بعض مبادئ الأبجديّة والكتابة في الفرنسيّة

الحروف والكتابة الفرنسيّة

سنرى في هذا الفصل مراجعة صغيرة لبعض أصول الكتابة في الفرنسيّة.
تُكتب الفرنسيّة من اليسار إلى اليمين وتتكوّن أبجديّتها من ٢٦ حرفاً. تُقسم الأحرف الفرنسيّة إلى voyelles أحرف علّة و consonnes أحرف صحيحة (٢٠ حرفاً صحيحاً و ٦ أحرف علّة) وتأتي كلّ الأحرف على شكلين: majuscule حرف كبير و minuscule حرف صغير.

تُستعمل les majuscules الأحرف الكبيرة في الحالات التالية:
- في أوّل الكلمة التي تبدأ بها الجملة. مثلاً: Je vais au travail. أذهب إلى العمل.
- في بداية أسماء العلم، أسماء القارّات، البلدان، المدن... مثلاً:
Je m'appelle François et j'habite à Paris. اسمي فرنسوا وأسكن في باريس.
- بعد علامات الوقف التالية: le point النقطة، le point d'exclamation علامة التعجّب، les points de suspension النقاط الثلاثة إذا كانت تنتهي بها الجملة، les deux-points النقطتان إذا جاء بعدهما قول مقتبس.

وفي جميع الحالات الأخرى نستعمل les minuscules الأحرف الصغيرة.

حروف الأبجديّة الفرنسيّة			
الحروف الكبيرة	الحروف الصغيرة	نوع الحرف	أمثلة
A	a	حرف علّة	ami صديق
B	b	حرف صحيح	Bonjour! صباح الخير!
C	c	حرف صحيح	cru نيء ; cire شمع ; français فرنسيّ ; reçu وَصْل ; garçon ولد / صبي
D	d	حرف صحيح	dormir نامَ
E	e	حرف علّة	mer بحر ; de مِن
F	f	حرف صحيح	faire عملَ
G	g	حرف صحيح	garage مرآب ; orangeade عصير برتقال ; guitare غيتار

٣

مراجعة بعض مبادئ الأبجديّة والكتابة في الفرنسيّة

حروف الأبجديّة الفرنسيّة

الحروف الكبيرة	الحروف الصغيرة	نوع الحرف	أمثلة
H	h	حرف صحيح	homme رَجُل
I	i	حرف علّة	lire قرأَ ; pierre حجرة
J	j	حرف صحيح	je أنا
K	k	حرف صحيح	képi قبّعة
L	l	حرف صحيح	la (أداة التعريف للمؤنّث المفرد)
M	m	حرف صحيح	maman أمّي
N	n	حرف صحيح	noir أسود
O	o	حرف علّة	robe فستان ; rose وردة / زهريّ-ـة
P	p	حرف صحيح	Paris باريس
Q	q	حرف صحيح	quotidien يوميّ / جريدة يوميّة
R	r	حرف صحيح	arabe عربيّ-ـة ; cru نيء
S	s	حرف صحيح	grise رماديّة ; sur على
T	t	حرف صحيح	fonction وظيفة ; travail عمل
U	u	حرف علّة	rue شارع
V	v	حرف صحيح	avec مع
W	w	حرف صحيح	week-end عطلة ; wagon عربة قطار
X	x	حرف صحيح	exercice تمرين ; excellent ممتاز
Y	y	حرف علّة	physique فيزياء ; yen الين الياباني
Z	z	حرف صحيح	zoo حديقة حيوانات

مراجعة بعض مبادئ الأبجديّة والكتابة في الفرنسيّة

تُكتب علامات الوقف التالية في الفرنسيّة بعكس علامات الوقف العربيّة:
- علامة الاستفهام   le point d'interrogation ?
- الفاصلة   la virgule ,
- الفاصلة المنقوطة   le point-virgule ;

1 ضع خطّاً تحت أحرف العلّة في الكلمات التالية:

a. Paris   c. porte   e. zoo

b. bus   d. sur   f. robe

2 أكمل الكلمات التي تحتها خطّ في هذه الجمل واضعاً في أوّلها الحرف الكبير أو الصغير الذي ينقصها من بين الأحرف التالية:

t - C - I - F - T - P

a. Je m'appelle …rançois.
b. Je vais au …ravail.
c. …u as une jolie robe.
d. Merci beaucoup ! …'est très gentil !
e. J'habite à …aris.
f. Il habite à Bruxelles, …a capitale de la Belgique.

3 رتّب الأحرف الصحيحة وأحرف العلّة الموجودة مقابل كلّ كلمة للحصول على ترجمتها في الفرنسيّة.

a. عاصمة → l, e, c, p, t, a, i, a → ....
b. مع → v, c, e, a → ....
c. أمّي → m, m, a, a, n → ....
d. لطيفة → t, l, e, l, i, n, g, e → ....
e. فستان → e, r, b, o → ....
f. يوميّ → t, d, e, i, n, u, q, o, i → ....

٥

مراجعة بعض مبادئ الأبجديّة والكتابة في الفرنسيّة

٤ املأ كلّ مربّع بعلامة الوقف المناسبة من بين العلامات التالية:

: . … ? , !

a. Le proverbe dit ☐ « Abondance de biens ne nuit pas. »

b. Claire porte une nouvelle robe ☐ Elle lui va bien.

c. Merci beaucoup ☐

d. Où habites-tu ☐

e. Parmi les peintres célèbres, citons : Monet, Gauguin, Degas, Picasso, Cézanne ☐

f. Lyon ☐ Marseille et Bordeaux sont de grandes villes françaises.

٥ ابحث في الجدول عن الكلمات التالية واشطبها. ستساعدك الحروف المتبقية على إيجاد الكلمة السرّيّة! انتبه: يمكن أن تكون بعض الأحرف مشتركة بين كلمتين في الجدول.

AVEC   TRAVAIL   CRU   TRAIN   NUIT   CIRE   MER
VIRGULE   HOMME   BEAUCOUP   GRAND   IL

B	E	A	U	C	O	U	P
M	T	R	A	I	N	E	
C	R	U	R		U		M
	A		C	C	I	R	E
A	V	E	C	I	T		R
	A		G	R	A	N	D
V	I	R	G	U	L	E	
I	L		H	O	M	M	E

الكلمة السرّيّة هي: ....

مراجعة بعض مبادئ الأبجديّة والكتابة في الفرنسيّة

بنك المفردات

هم يصلون	Ils arrivent	"زيادة الخير خير"	« Abondance de biens ne nuit pas »
جميل-ة	joli-e	باص	bus
شكراً جزيلاً!	Merci beaucoup !	كثيراً	beaucoup
جديد-ة	nouveau - nouvelle	عاصمة	capitale
بين	parmi	مشهورون	célèbres
رسّام-ة	peintre	لنذكر	citons
باب	porte	في	dans
لبسَ / ارتدى / حملَ	porter	عندها	Elle a
مثَل	proverbe	تليق بها	Elle lui va
جدّاً	très	كبير-ة	grand-e
عندكَ - عندكِ	Tu as	هو يشرب	Il boit
مدينة	ville	هو يسكن	Il habite

الأصوات الأنفيّة

في الفرنسيّة أصوات أنفيّة تُصدرها مجموعة من الحروف المتتالية. إليكم بعض هذه المجموعات (مدوّنة بالأحمر في الأمثلة):

p**on**t جسر؛ t**om**ber وقع
m**in**ce رفيع-ة؛ **im**portant مهمّ؛ b**ien**venue مرحباً؛ tr**ain** قطار؛ fr**ein** كابحة؛ f**aim** جوع
Lib**an** لبنان؛ d**en**ts أسنان؛ l**am**pe مصباح؛ **em**porter أخذ معه

انتبهوا: أمام الأحرف الصحيحة b, m, p في الكلمة، تُكتب الأصوات الأنفيّة دائماً بحرف m، مثلاً: **em**mener أخذ معه؛ ca**m**pagne ريف؛ so**m**bre معتم-ة.
ولكن هناك بعض الاستثناءات النادرة كما في كلمة b**on**bon حلوى سكّريّة.

٦ أكمل الكلمات التالية بالحرف المناسب m أو n:

a. ro......d

b. Pro......pt rétablissement !

c. co......pter

d. so......bre

e. ra......g

f. sa......s

مراجعة بعض مبادئ الأبجديّة والكتابة في الفرنسيّة

سلسلة حروف والأصوات الناتجة عنها

إنّ بعض الحروف، إذا أتت مُتتالية في الكلمة، تصدر صوتاً خاصّاً لا يعطيه حرف بمفرده، مثلاً:
- ui → nuit ليل؛
- ou → ou أو/ أم؛
- oi → poire إجاصة؛
- gn → montagne جبل؛
- ch → cher عزيزي / غالٍ؛ chorale جوقة؛ chronique مزمن.

الحركات

في الفرنسيّة علامات تشكيل تُسمّى accents تأتي فوق أحرف العلّة وهي:
- l'accent aigu **علامة النبر الحادّ** التي توضع فوق حرف العلّة e، مثلاً: été **صيف**،
- l'accent grave **علامة نبر الإطالة** التي توضع فوق حرف e، مثلاً: après **بعد**، وفوق الحرفين a و u لرفع الالتباس في المعنى في حالة الكلمات المتجانسة اللفظ. قارنوا مثلاً بين: la (أداة التعريف للمؤنّث المفرد) و à **هناك**، وبين ou أو و où **حيث / أين**،
- l'accent circonflexe **المدّة المعقوفة** التي توضع فوق الأحرف a، e، i، o، u في العديد من الحالات، منها: في ضمائر الملكيّة، مثلاً: le nôtre **(ما هو لنا)**، في بعض الأفعال، الصفات والأسماء، مثلاً: nous fîmes **فعلنا**؛ drôle **مضحك**؛ rêve **حلم** إلخ.

٧ ترجم الكلمات التالية إلى الفرنسيّة مالئاً الفراغ بسلسلة الحروف الناقصة:

a.	ليل	→	n......t	d.	رفيع - ـة	→	m......ce
b.	جبل	→	monta......e	e.	مرحباً!	→	bi......venue!
c.	إجاصة	→	p......re	f.	وقعَ	→	t......ber

مراجعة بعض مبادئ الأبجديّة والكتابة في الفرنسيّة

٨ ضع على الحرف الذي تحته خطّ علامة التشكيل المناسبة:

a. r<u>e</u>ve   d. gr<u>a</u>ce

b. c<u>e</u>lebre   e. r<u>o</u>le

c. l<u>a</u>-bas   f. t<u>e</u>levision

بنك المفردات

compter	عدّ
grâce	أناقة
là-bas	هناك
Prompt rétablissement !	شفاء عاجل!
rang	صفّ / مرتبة
rôle	دور
rond-e	دائريّ ـة
sans	بلا/بدون
télévision	تلفاز

  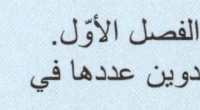

Excellent ! ممتاز!
ها أنتم قد انتهيتم من حلّ تمارين الفصل الأوّل.
حان الآن الوقت لجمع الرموز وتدوين عددها في الصفحة ١٢٨ للتقييم النهائي.

المذكّر والمؤنّث

المذكّر والمؤنّث

إنّ معظم الأسماء في الفرنسيّة لها نوع محدّد فهي إمّا أسماء مذكّرة وإمّا أسماء مؤنّثة، مثلاً: famille عائلة (اسم مؤنّث) - nom اسم (اسم مذكّر).

للحصول على مؤنّث الأسماء المذكّرة، نقوم بالتعديلات التالية:

← في بعض الكلمات، نزيد كتابيّاً في آخر الاسم المذكّر علامة التّأنيث الفرنسيّة وهي حرف e صامت (e muet) الذي يمكن تشبيهه بالتّاء المربوطة العربيّة. مثلاً:
ami **صديق** ← ami**e** **صديقة**

← في بعض الكلمات، نغيّر الأحرف الأخيرة من المذكّر. مثلاً: nouveau **جديد** ← nouv**elle** **جديدة**

← بعض الكلمات مؤنّثها يختلف تماماً عن مذكّرها. مثلاً: garçon **ولد** / fille **بنت / ابنة**

← بعض الكلمات مذكّرها ومؤنّثها واحد. مثلاً: journaliste **صحافيّ - صحافيّة**

انتبهوا! إنّ نوع الأسماء يمكن أن يختلف بين العربيّة والفرنسيّة. فالاسم المذكّر في العربيّة يمكن أن يكون مؤنّثاً في الفرنسيّة والعكس أيضاً صحيح. مثلاً: كلمة lampe **مصباح** هي اسم مؤنث في الفرنسيّة بينما هي اسم مذكّر في العربيّة.

بنك المفردات

cousin maternel	ابن الخال / ابن الخالة	frère	أخ
		grand-mère	جدّة
cousin paternel	ابن العمّ / ابن العمّة	grand-père	جدّ
		mari/époux	زوج
cousine maternelle	بنت الخال / بنت الخالة	mère	أمّ
		oncle maternel	خال
cousine paternelle	بنت العمّ / بنت العمّة	oncle paternel	عمّ
		père	أب
femme / épouse	زوجة	sœur	أخت
fille	ابنة	tante maternelle	خالة
fils	ابن	tante paternelle	عمّة

المذكّر والمؤنّث

بنك المفردات

artiste	فنّان-ة	écrivain - écrivaine	كاتب-ة
avocat - avocate	محامٍ - محامية	employé - employée	موظّف-ة
boucher - bouchère	لحّام-ة	épicier - épicière	بقّال-ة
boulanger - boulangère	خبّاز-ة	infirmier - infirmière	ممرّض-ة
chanteur - chanteuse	مغنٍّ - مغنّية	instituteur - institutrice	مدرّس-ة
comptable	محاسب-ة	journaliste	صحافيّ-ة
couturier - couturière	خيّاط-ة	médecin	طبيب-ة
danseur - danseuse	راقص-ة	ouvrier - ouvrière	عامل-ة
dentiste	طبيب-ة أسنان	pompier	رجل إطفاء
directeur - directrice	مدير-ة	vendeur - vendeuse	بائع-ة

١ اربط الكلمات المذكّرة بمؤنّثها:

- a. beau •
- b. homme •
- c. père •
- d. instituteur •
- e. cousin •
- f. dentiste •

- • 1. femme
- • 2. institutrice
- • 3. dentiste
- • 4. cousine
- • 5. belle
- • 6. mère

٢ حدّد نوع الأسماء التالية بوضع علامة X في الخانة المناسبة. انتبه: بعض الكلمات تستعمل للمذكّر والمؤنّث على السّواء.

	masculin مذكّر	féminin مؤنّث
sœur		
comptable		
nouveau		
fils		
grand-mère		
employée		

المذكّر والمؤنّث

٣ رتّب الأحرف لإعادة تشكيل الكلمات ثمّ أعطِ مذكّر الأسماء المؤنّثة ومؤنّث الأسماء المذكّرة.

a. o, i, j, l   → ....
b. e, t, i, e, n, g, l, l   → ....
c. i, f, a, c, l, e   → ....
d. g, d, a, r, n   → ....
e. o, v, l, n, u, e, e, l   → ....
f. x, c, e, l, l, e, t, n, e   → ....

٤ ابحث عن ترجمة كلّ من الكلمات التالية في جدول الكلمات المتقاطعة واشطبها.

a. ممرضة
b. راقص
c. صحافيّة
d. بقّال
e. كاتب
f. بائعة

A	É	K	C	A	T	I	R	P	L	V
U	P	E	F	Z	T	U	É	I	O	E
T	I	D	Z	S	G	H	C	S	T	N
J	C	A	K	N	M	E	R	U	J	D
R	I	N	F	I	R	M	I	È	R	E
L	E	S	U	F	Z	T	V	F	O	U
Q	R	E	T	C	D	R	A	M	L	S
J	O	U	R	N	A	L	I	S	T	E
P	W	R	E	Y	I	A	N	E	X	I

١٢

المذكّر والمؤنّث

أداة التعريف في المذكّر والمؤنّث (في المفرد)

في الفرنسيّة، لدينا للاسم المفرد أداة تعريف خاصّة بالمذكّر وأخرى خاصّة بالمؤنّث.

أداة التعريف في المفرد		أمثلة
للمذكّر	le	le beau-père الحمو / زوج الأمّ
للمؤنّث	la	la belle-mère الحماة / زوجة الأب

← أمام اسم مفرد يبدأ بحرف علّة أو بحرف h صامت، نحذف حرف العلّة من آخر أداة التعريف ونبدّله بـapostrophe فاصلة عليا: le / la ← 'l. مثلاً: l'ami الصديق - l'amie الصديقة؛ l'homme الرجُل.

5 املأ الفراغ بأداة التعريف المناسبة: la، le أو 'l.

a. .... ouvrière   c. .... fille   e. .... boucher

b. .... journaliste   d. .... grand-père   f. .... avocat

6 دوّن تحت كلّ صورة ما ترمز إليه.

1. le médecin
2. l'artiste
3. la vendeuse
4. le pompier
5. la boulangère
6. la couturière

a. ....   b. ....   c. ....

d. ....   e. ....   f. ....

المذكّر والمؤنّث

أداة التنكير في المذكّر والمؤنّث (في المفرد)

لا وجود لأداة التنكير في العربيّة، أمّا في الفرنسيّة، فلدينا للاسم المفرد أداة تنكير خاصّة بالمذكّر وأخرى خاصّة بالمؤنّث.

أداة التنكير في المفرد		أمثلة
للمذكّر	un	un cuisinier **طبّاخ**
للمؤنّث	une	une cuisinière **طبّاخة**

٧ املأ الفراغ بأداة التنكير المناسبة: un أو une.

a. .... tasse   c. .... jus   e. .... verre

b. .... boisson   d. .... orangeade   f. .... limonade

٨ عرّف أسماء التمرين السابق باستبدال أداة التنكير بأداة التعريف المناسبة.

a. ....   c. ....   e. ....
b. ....   d. ....   f. ....

٩ استبدل أداة التعريف في الكلمات التالية بأداة التنكير المناسبة.

a. le café → ....

b. le thé → ....

c. la tisane → ....

d. la réceptionniste → ....

e. la serveuse → ....

f. le serveur → ....

المذكّر والمؤنّث

١٠ صحّح الأخطاء الواردة في أدوات التنكير أو التعريف في ما يلي.

a. la eau ➔ ....   d. la facteur ➔ ....

b. un cuisinière ➔ ....   e. une policier ➔ ....

c. le ingénieure ➔ ....   f. l' secrétaire ➔ ....

بنك المفردات

boisson	مشروبَ	serveur - serveuse	نادل-ـة
café	قهوة	tasse	فنجان
cuisinier - cuisinière	طبّاخ-ـة	thé	شاي
eau	ماء	tisane	زهورات
facteur - factrice	ساعي-ـة البريد	verre	كأس
ingénieur-e	مهندس-ـة		
jus	عصير		
limonade	عصير ليمون		
policier - policière	شرطيّ-ـة		
réceptionniste	موظّف-ـة الاستقبال		
secrétaire	أمين-ـة سرّ		

Bravo ! أحسنتم!
ها أنتم قد انتهيتم من حلّ تمارين الفصل الثاني.
حان الآن الوقت لجمع الرموز وتدوين عددها
في الصفحة ١٢٨ للتقييم النهائي.

٣ المفرد والجمع

الجمع السالم

يُصاغ الجمع السالم في الفرنسيّة بزيادة علامة الجمع أيّ الحرف s، في آخر الاسم المفرد. مثلاً: maison **بيت** ← maison**s** **بيوت**.
انتبهوا! لا وجود لصيغة المثنى في الفرنسيّة فإذا أردنا أن نتكلّم عن عنصرين (عاقل أو غير عاقل)، نذكر العدد deux **اثنان** ونستعمل بعده اسماً بصيغة الجمع، مثلاً: deux table**s** **طاولتان**.

أدوات التعريف والتنكير في الجمع

قبل اسم بصيغة الجمع، نستعمل:
- أداة التعريف les مثلاً: les enfants **الأولاد**
- أداة التنكير des مثلاً: des enfants **أولاد**

أجزاء الجسم (١)

bouche	فم	joue	خدّ
cil	رمش	main	يد
cou	رقبة / عنق	orteil	إصبع القدم
coude	كوع	pied	قدم
dent	سنّ	sourcil	حاجب
doigt	إصبع	talon	كاحل
épaule	كتف	tête	رأس
front	جبين	ventre	بطن
jambe	ساق	visage	وجه

المفرد والجمع

١ املأ الفراغ بأداة التنكير المناسبة: un، une أو des.

a. ...... bouche
c. ...... pieds
e. ...... front
b. ...... sourcils
d. ...... tête
f. ...... épaule

٢ عرّف أسماء التمرين السابق مستعملاً أداة التعريف المناسبة: le، la أو les.

a. ....
c. ....
e. ....
b. ....
d. ....
f. ....

٤ صحّح الأخطاء الواردة في ما يلي. احذر من الفخّ!

a. les orteil
c. le bouche
e. les épaules
b. une têtes
d. des cou
f. des visage

٥ دوّن في كلّ مربّع الحرف الدالّ على جزء الجسم المناسب.

1. les mains
2. le cou
3. le visage
4. les dents
5. les joues
6. le ventre

المفرد والجمع

الجمع غير السالم

الجمع غير السالم هو الجمع الذي لا يُصاغ بزيادة فقط حرف s في آخر الكلمة المفرد وإنّما بزيادة حروف أخرى، بتعديل المفرد كلّياً أو بعدم تعديله بتاتاً. إليكم هذه الحالات من الجمع السالم:

- بعض الأسماء المفردة تُحوَّل إلى الجمع بزيادة حرف x في آخرها، لا سيّما تلك التي تنتهي بـ: -eu, -eau, -au مثلاً: jeu ← jeux **لعبة ألعاب**؛ nouveau ← nouveaux **جديد جدد**؛ noyau ← noyaux **نواة نويات**؛

- بعض الأسماء المفردة التي تنتهي بـ: -ou يُصاغ أيضاً جمعها بزيادة حرف x في آخرها، مثلاً: bijou ← bijoux **مجوهر مجوهرات**؛

- بشكل عامّ، إنّ الأسماء التي تنتهي بـ: -al يُصاغ جمعها بتبديل هذين الحرفين بالأحرف -aux مثلاً: cheval ← chevaux **حصان أحصنة**؛

- بعض الأسماء التي تنتهي بـ: -ail يُصاغ جمعها بتبديل هذه الأحرف بالملحق -aux مثلاً: travail ← travaux **عمل أعمال**؛

- الكلمات المفردة التي تنتهي بـ: -s، -x أو -z لا تتغيّر في صيغة الجمع. مثلاً: fils **ابن / أبناء**؛ choix **اختيار / اختيارات**؛ nez **أنف / أنوف**.

ولكن عليكم الانتباه إلى الملحوظة التالية: إنّ بعض الكلمات الشاذة عن القاعدة يُصاغ جمعها بزيادة حرف s في آخر مفردها (أيّ كالجموع السالمة) بالرّغم من أنّها تنتمي إلى فئة من الفئات المذكورة أعلاه. مثلاً: bleu ← bleus **أزرق زرق**؛ landau ← landaus **عربة أطفال عربات أطفال**؛ bisou ← bisous **قبلة قبلات**؛ carnaval ← carnavals **مهرجان تنكّري مهرجانات تنكّريّة**؛ détail ← détails **تفصيل تفاصيل** إلخ.

انتبهوا أيضاً إلى جمع كلمة œil ← yeux **عين عيون** فهو يختلف تماماً عن مفردها.

١٨

المفرد والجمع

أجزاء الجسم (٢)

bras	ذراع / أذرع
cheveu	شعرة
corps	جسم / أجسام
genou	ركبة

narine	منخار (فتحة الأنف)
nez	أنف / أنوف
œil	عين

٦ اختر الجواب الصحيح من بين الاقتراحات.

- a. des ☐ bijoux ☐ bijou ☐ bijous
- b. ☐ le ☐ la ☐ les feux
- c. ☐ un ☐ des ☐ la bateaux
- d. les ☐ journaux ☐ journals ☐ journaus
- e. des ☐ carnavaux ☐ carnavals ☐ carnaval
- f. des ☐ baux ☐ bals ☐ bal

٧ حوّل الكلمات التالية من المفرد إلى الجمع.

- a. un tapis → ....
- b. le riz → ....
- c. un gâteau → ....
- d. un caillou → ....
- e. l'hôpital → ....
- f. un animal → ....

٨ اجمع الجزئين لكلّ من الكلمات التالية واكتب الكلمات الكاملة.

- a. boc • • oux   a. ....
- b. caill • • eux   b. ....
- c. chap • • ous   c. ....
- d. nev • • eaux   d. ....
- e. bis • • x   e. ....
- f. chou • • aux   f. ....

المفرد والجمع

٩ اختر الترجمة المناسبة من بين الترجمات المقترحة.

a. deux bras	☐ ذراع	☐ ذراعان	☐ أذرع
b. le nez	☐ أنوف	☐ أنف	☐ الأنف
c. des yeux	☐ العيون	☐ عينان	☐ عيون
d. les cheveux	☐ الشعور / الشعر	☐ الشعرة	☐ شعور / شعر
e. un corps	☐ أجسام	☐ جسم	☐ الجسم
f. les deux genoux	☐ الركبة	☐ الركبتان	☐ ركبتان

بنك المفردات

animal	حيوان	caillou	حصى
bal	حفلة راقصة	chapeau	قبّعة
bateau	قارب	chou	ملفوف
bocal	مرطبان	feu	نار
		gâteau	قالب حلوى
		hôpital	مستشفى
		journal	جريدة
		neveu-nièce	ابن الأخ أو الأخت - بنت الأخ أو الأخت
		riz	أرزّ
		tapis	سجّادة / سجّادات

Formidable! رائع!
ها أنتم قد انتهيتم من حلّ تمارين الفصل الثالث.
حان الآن الوقت لجمع الرموز وتدوين عددها في الصفحة ١٢٨ للتقييم النهائي.

فعل الكيان وفعل الملك في المضارع (الحاضر) من الحالة الدلاليّة

المضارع (الحاضر) من الحالة الدلاليّة

L'indicatif **الحالة الدلاليّة** هي الصيغة الصرفيّة الأكثر استعمالاً في الفرنسيّة وهي مقسّمة إلى عدّة أزمنة، منها le présent **المضارع (الحاضر)** الذي يدلّ على:

- حدث يحصل أو لا يزال مستمرّاً أثناء الكلام، مثلاً: .Je travaille **أنا أعمل**.
- عادة تتكرّر، مثلاً: .Je dors tôt tous les soirs **أنام باكراً كلّ مساء**.
- حقيقة علميّة ثابتة مثلاً: .La Terre tourne autour du Soleil **الأرض تدور حول الشمس**.

الضمائر الشخصيّة الفاعل

مفرد singulier	
أنا	je*
أنتَ / أنتِ	tu
هو	il
هي	elle

جمع pluriel	
نحن	nous
أنتما / أنتم / أنتنّ	vous**
هما / هم	ils
هما / هنّ	elles

* إذا أتى بعد الضمير je فعل يبدأ بحرف علّة، نبدّل حرف e في آخره بـ apostrophe **فاصلة عليا**. مثلاً: J'étudie **أدرس**.

** انتبهوا! في بعض الحالات يُستعمل الضمير vous للتكلّم مع شخص واحد فنترجمه حينها بـ **أنتَ** أو بـ **أنتِ** بحسب الحالة، وتسمّى طريقة الكلام هذه: le vouvoiement **المخاطبة بصيغة الجمع** وهي من أصول الأدب واللياقة في الفرنسيّة.

نستعمل le vouvoiement مع شخص نلتقي به لأوّل مرّة، مع شخص أعلى منّا منصباً في العمل، مع من هو أكبر منّا سنّاً إلخ. أمّا le tutoiement **المخاطبة بصيغة المفرد** فتُستعمل مع أفراد العائلة، الأصدقاء، المعارف، الأطفال إلخ.

فعل الكيان وفعل الملك في المضارع (الحاضر) من الحالة الدلاليّة

① صل كلّ ضمير بترجمته العربيّة.

- 1. هو •
- 2. هي •
- 3. نحن •
- 4. أنا •
- 5. هنّ •
- 6. هم •

- a. je •
- b. il •
- c. elles •
- d. nous •
- e. ils •
- f. elle •

فعل الكيان في المضارع

فعل être هو فعل لازم، يتبعه خبر، مثلاً: .Elle est gentille هي (تكون) لطيفة. ويُسمّى auxiliaire **فعل مساعد** إذ نحتاج إليه أيضاً لتصريف الأزمنة المركّبة مع بعض الأفعال. ستجدون في الجدول أدناه تصريف être في المضارع، ولكنّنا وضعنا الترجمة الممكنة بين قوسين لأنَّ هذا الفعل في الواقع لا يُترجم عادةً إلى العربيّة. فالجملة الاسميّة العربيّة لا تحتاج إلى فعل مماثل يربط بين الاسم والخبر.

je suis	أنا (أكون)
tu es	أنتَ (تكون) - أنتِ (تكونين)
il est	هو (يكون)
elle est	هي (تكون)
nous sommes	نحن (نكون)
vous êtes	أنتما (تكونان) / أنتم (تكونون) - أنتنّ (تكنّ)
ils sont	هما (يكونان) / هم (يكونون)
elles sont	هما (تكونان) / هنّ (يكنّ)

٢٢

فعل الكيان وفعل الملك في المضارع (الحاضر) من الحالة الدلاليّة

٢ اجمع كل ضمير بالفعل المناسب.

a. nous •   • 1. es
b. je •   • 2. êtes
c. vous •   • 3. sommes
d. il •   • 4. sont
e. elles •   • 5. est
f. tu •   • 6. suis

٣ أكمل الجمل التالية بفعل être المصرّف في المضارع.

a. Il .... dentiste.
b. Nous .... cousins.
c. Ils .... nouveaux dans l'entreprise.
d. Tu .... médecin.
e. Elle .... jolie.
f. Vous .... directrices.

٤ صحّح الأخطاء الواردة في الجمل التالية.

a. Marie et Claire *sommes* sœurs. → ....
b. Vous *sont* grandes. → ....
c. Gabriel *suis* le frère de Mathieu. → ....
d. Je *êtes* contente. → ....
e. Tu *est* triste. → ....
f. Amélie *es* mince. → ....

فعل الكيان وفعل الملك في المضارع (الحاضر) من الحالة الدلاليّة

٥ ترجم الجمل التالية إلى الفرنسيّة.

a. أنا محامٍ. → ....
b. هم محاسبون. → ....
c. هما صحافيّتان. → ....
d. أنتَ لطيف. → ....
e. أنتِ فرحة. → ....
f. نحن مدرّسات. → ....

فعل الملك في المضارع

فعل avoir **فعل الملك** هو فعل متعدٍّ، يتبعه مفعول. من بين استعمالاته: التعبير عن الملكية. وفي هذه الحالة يمكن أن نترجمه بالعربيّة بـفعل مَلَكَ أو بحرف جرّ أو ظرف يعبّر عن الملكيّة (عند، لدى، مع...). مثلاً:

j'ai	أنا عندي
tu as	أنتَ عندكَ - أنتِ عندكِ
il a	هو عنده
elle a	هي عندها
nous avons	نحن عندنا
vous avez	أنتما عندكما / أنتم عندكم - أنتنّ عندكنّ
ils ont	هما عندهما / هم عندهم
elles ont	هما عندهما / هنّ عندهنّ

فعل avoir هو أيضاً **فعل مساعد** auxiliaire لأنّه يُستعمل لتصريف الأزمنة المركّبة مع بعض الأفعال.

٦ اجمع كل ضمير بالفعل المناسب.

- a. elles
- b. tu
- c. j'
- d. elle
- e. nous
- f. vous

- 1. as
- 2. avons
- 3. avez
- 4. ont
- 5. ai
- 6. a

فعل الكيان وفعل الملك في المضارع (الحاضر) من الحالة الدلاليّة

7 أكمل الجمل التالية بفعل avoir المصرّف في المضارع.

a. Ils .... deux enfants.

b. Marc et Lucas .... une guitare.

c. J'.................. une sœur.

d. Nous .... une voiture.

e. Tu .... faim.

f. Camélia .... un beau manteau.

8 صحّح الأخطاء الواردة في الجمل التالية.

a. Elles sont de longs cheveux. → ....

b. Tu avez un chapeau. → ....

c. Chloé as les yeux bleus. → ....

d. Vous avons de beaux bijoux. → ....

e. Nous sommes des tapis persans. → ....

f. Il ont un grand nez. → ....

9 ترجم الجمل التالية إلى الفرنسيّة.

a. أنتم تملكون شقّة. → ....

b. عنده أخان. → ....

c. عندهنّ فساتين جميلة. → ....

d. عندكِ كتاب. → ....

e. عندكم حلم. → ....

f. عندي ابن. → ....

فعل الكيان وفعل الملك في المضارع (الحاضر) من الحالة الدلاليّة

١٠ أكمل الجمل التالية بفعل être أو بفعل avoir في المضارع بحسب الحالة. انتبه: في الجملة الأخيرة يجوز استعمال الفعلين.

a. La Terre .... ronde.

b. Nous .... des cousins paternels.

c. J'................ une épouse formidable !

d. Elle .... boulangère.

e. Les pièces de cet appartement .... sombres.

f. Vous .... une gentille grand-mère.

بنك المفردات

appartement	شقّة	livre	كتاب
avoir faim	شعرَ بالجوع	long - longue	طويل-ـة
avoir soif	شعرَ بالعطش	manteau	معطف
beau / bel* - belle	جميل-ـة	pièce(s)	غرفة (غرف) / قطعة (قطع)
ce / cet** - cette	هذا - هذه		
content-e	فرح-ـة	tapis persan	سجّادة عجميّة
enfant	طفل	triste	حزين-ـة
entreprise	شركة		

* أمام اسم يبدأ بحرف علّة أو بحرف h صامت. مثلاً: un bel enfant: **طفل جميل / un bel hôtel فندق جميل.**

** أمام اسم يبدأ بحرف علّة أو بحرف h صامت. مثلاً: cet enfant: **هذا الطفل / cet hôtel هذا الفندق.**

Très bien ! جيّد جدّاً!
ها أنتم قد انتهيتم من حلّ تمارين الفصل الرابع.
حان الآن الوقت لجمع الرموز وتدوين عددها في الصفحة ١٢٨ للتقييم النهائي.

الصفة

تعطي الصفة معلومات عن الموصوف وتتبعه في النوع (مذكّر أو مؤنّث) والعدد (مفرد أو جمع). مثلاً:
un petit garçon **ولد صغير** / des petits garçons **أولاد صغار**
une petite fille **بنت صغيرة** / des petites filles **بنات صغار**

مكان الصفة

يمكن للصفة أن تتبع مباشرةً الموصوف في الجملة أو أن يفصل بينهما فعل رابط كفعل être مثلاً:
La voiture rouge est nouvelle. **السيّارة الحمراء جديدة**.

إنّ معظم الصفات تأتي بعد الاسم الموصوف في الجملة ولكنّ بعضها يأتي قبله. وهناك أيضاً صفات يمكن أن توضع قبل الاسم الموصوف أو بعده فيغيّر مكانها في الجملة المعنى المقصود. قارنوا مثلاً بين:
un homme grand **رجل طويل القامة** و un grand homme **رجل عظيم**.

- الصفات التي تأتي عادةً "بعد" الاسم الموصوف هي:
  ← الصفات الدالّة على الشكل الهندسي أو اللون، مثلاً: une table ronde **طاولة مستديرة** / une robe verte **فستان أخضر**.
  ← أسماء المفعول المستعملة كصفة، مثلاً: une lettre écrite **رسالة مكتوبة**.
  ← الصفات الدالّة على الانتماء إلى طبقة اجتماعية، إلى دين أو بلد، إلخ. مثلاً: un étudiant français **طالب فرنسيّ**.
  ← الصفات الدالّة على الطعم، مثلاً: une orange amère **برتقالة مرّة**.

وبشكل عامّ، إنّ الصفات التي تأتي "قبل" الاسم الموصوف هي:
- الأعداد الترتيبيّة، مثلاً: la première leçon **الدرس الأول**.
- الصفات القصيرة التي لا تتجاوز مقطعين لفظيّين: un petit garçon **ولد صغير**.

الصفة

بعض الصفات

acide	حامض ـة	ouvert-e	مفتوح ـة
amer - amère	مرّة	patient-e	صبور ـة
bas - basse	منخفض ـة	pauvre	فقير ـة (إذا جاءت الصفة بعد الموصوف) / مسكين ـة (إذا جاءت الصفة قبل الموصوف)
bon - bonne	طيّب ـة / لذيذ ـة		
carré-e	مربّع ـة		
chaud-e	ساخن ـة	petit-e	صغيرة
court-e	قصير ـة	plein-e	مملوء ـة
difficile	صعب ـة	riche	غنيّ ـة
fermé-e	مغلق ـة	salé-e	مالح ـة
froid-e	بارد ـة	sucré-e	حلو ـة
haut-e	عالٍ - عالية	troisième	ثالث ـة
inquiet - inquiète	قلق ـة	vide	فارغ ـة
intelligent-e	ذكيّ ـة	vieux / vieil* vieille	مسنّ ـة / قديم ـة
jeune	شابّ ـة		
laid-e	بشع ـة		
léger - légère	خفيف ـة		
long - longue	طويل ـة		
lourd-e	ثقيل ـة		

* أمام اسم يبدأ بحرف علّة أو بحرف h صامت.
مثلاً: un vieil ami صديق قديم / un vieil homme رجل مسنّ.

١ اختر الصفة الصحيحة من بين الصفات المقترحة.

a. des étagères ○ hauts ○ hautes ○ haute
b. une soupe ○ froid ○ froids ○ froide
c. un verre ○ plein ○ pleine ○ pleins
d. une porte ○ fermée ○ fermées ○ fermé
e. des valises ○ lourd ○ lourde ○ lourdes
f. un plat ○ salée ○ salé ○ salées

الصفة

٢ أعد كتابة جمل التمرين السابق مبدّلاً كلّ صفة بضدّها.

a. ....
b. ....
c. ....
d. ....
e. ....
f. ....

٣ ضع الصفة في مكانها الصحيح أيّ قبل الاسم الموصوف أو بعده.

a. un grand-père (vieux) → ....
b. des boîtes (carrées) → ....
c. un ciel (bleu) → ....
d. la fois (troisième) → ....
e. une pomme (acide) → ....
f. un dessert (bon) → ....

٤ املأ الفراغ بالصفة المناسبة من بين الصفات التالية:

ouverte   laids   courtes   petite   intelligent   amer

a. des jupes ....
b. une .... fille
c. un étudiant ....
d. un chocolat ....
e. une fenêtre ....
f. des visages ....

الصفة

بنك المفردات

dessert	تحلية	plat	طبق
étagère	رفّ	pomme	تفّاحة
étudiant	طالب	soupe	حساء
fenêtre	نافذة	table	طاولة
fois	مرّة	valise	حقيبة
jupe	تنّورة	verre	كأس

boîte	علبة
chocolat	شوكولاتة
ciel	سماء

الألوان

إذا كان ما يدلّ على اللون كلمة واحدة لا تُستعمل إلّا كصفة، يطابق اللون عندئذٍ نوع وعدد الاسم الموصوف. مثلاً: une jupe bleu**e** تنّورة زرقاء.
أمّا إذا كان اللون في الأصل اسماً يدلّ على شيء معيّن (زهرة، فاكهة، حجرة كريمة...)، فيبقى على حاله ولا يطابق نوع وعدد الموصوف. مثلاً: des cheveux marron شعر بنيّ (لأنّ اللون marron هو في الأصل اسم يعني **كستناء**).
ولكن انتبهوا! هناك بعض الاستثناءات لهذه القاعدة. لنأخذ مثلاً اللون rose **زهريّ** الذي هو في الأصل اسم يعني **وردة** واللون mauve **بنفسجيّ** الذي هو في الأصل اسم يعني **زهرة البنفسج** فهما يُكتبان مع علامة الجمع s في آخرهما إذا كان الموصوف في صيغة الجمع. مثلاً: les manteaux mauve**s** et rose**s** **المعاطف البنفسجيّة والزهريّة**.
أمّا الألوان المركّبة، أيّ المكوّنة من كلمتين، فهي تبقى ثابتة ولا تطابق نوع وعدد الموصوف. مثلاً: une jupe bleu clair **تنّورة أزرق فاتح**.

الألوان

blanc - blanche	أبيض - بيضاء	marron	بنيّ-ة / كستناء
bleu-e	أزرق - زرقاء	mauve	بنفسجيّ-ة / زهرة البنفسج
clair-e	فاتح-ة	noir-e	أسود - سوداء
foncé-e	داكن-ة / غامق-ة	orange	برتقاليّ-ة / برتقالة
gris-e	رماديّ-ة	rose	زهريّ-ة / وردة
jaune	أصفر - صفراء	vert-e	أخضر - خضراء

٥ ابحث عن الألوان التالية في الجدول واشطبها ثمّ اجمع الأحرف المتبقية للحصول على الكلمة السرّيّة.

| a | b | c | d | e | f |

J	A	U	N	E	C	V
R	O	U	G	E	O	E
U	B	L	A	N	C	R
B	L	E	U	L	E	T
U	R	N	O	I	R	S

الكلمة السرّيّة هي:

……………………………

٦ املأ الفراغ باللون المناسب من بين الألوان التالية واكتبه بالطريقة الصحيحة:

blanc   noir   vert   rouge   jaune   bleu

a. des yeux ……………
b. des dents ……………
c. une plante ……………
d. des cheveux ……………
e. des cerises ……………
f. des prunes ……………

٧ اختر الكتابة الصحيحة لكلّ لون في ما يلي.

a. des étagères   ○ marron   ○ marrons
b. des voitures   ○ bleue   ○ bleus   ○ bleues
c. des chapeaux   ○ verts clairs   ○ vert clair   ○ vertes claires
d. une étoffe   ○ gris foncé   ○ grise foncée   ○ gris foncée
e. des chemises   ○ rose   ○ roses
f. des chaussettes   ○ orange   ○ oranges

الصفة

صفات الجنسيّات

تبدأ الكلمات الدالّة على الجنسيّات بحرف صغير إذا أتت كصفة في الجملة، مثلاً: le dentiste belge **طبيب الأسنان البلجيكيّ** أو إذا كانت تشير إلى اسم لغة، مثلاً: le français **الفرنسيّة**. أمّا إذا استُعملت كأسماء للدلالة على سكّان البلد، فتبدأ حينها بحرف كبير، مثلاً: les Suisses **السويسريّون**.

بعض الجنسيّات

allemand-e	ألمانيّ-ـة	espagnol-e	إسبانيّ-ـة
anglais-e	إنجليزيّ-ـة	français-e	فرنسيّ-ـة
belge	بلجيكيّ-ـة	grec - grecque	يونانيّ-ـة
canadien - canadienne	كنديّ-ـة	italien - italienne	إيطاليّ-ـة
chinois-e	صينيّ-ـة	libanais-e	لبنانيّ-ـة
égyptien - égyptienne	مصريّ-ـة	marocain-e	مغربيّ-ـة

٨ املأ الجدول التالي.

الجنسية في المؤنث الجمع	الجنسية في المذكر الجمع	الجنسية في المؤنث المفرد	الجنسية في المذكر المفرد	البلد
				Canada
				Grèce
				Égypte
				Allemagne
				France
				Chine

الصفة

٩ صحّح الأخطاء الواردة في الجمل التالية.

a. Les libanais sont francophones.
→ ....

b. J'ai un ami Anglais.
→ ....

c. L'Italien est une belle langue.
→ ....

d. La cuisine marocain est délicieuse.
→ ....

e. Ma mère est espagnol.
→ ....

f. Le nouveau directeur est Belge.
→ ....

بنك المفردات

cerises	كرز	étoffe	قماش
chaussettes	كلسات	francophone	ناطق-ـة بالفرنسيّة
chemise	قميص	langue	لغة
cuisine	مطبخ	plante	نبتة
délicieux - délicieuse	لذيذ-ة	prunes	خوخ / برقوق

Super ! رائع!
ها أنتم قد انتهيتم من حلّ تمارين الفصل الخامس.
حان الآن الوقت لجمع الرموز وتدوين عددها في
الصفحة ١٢٨ للتقييم النهائي.

تركيب الجملة المثبتة البسيطة

الجملة المثبتة البسيطة

تتكوّن الجملة المثبتة البسيطة من:

- فاعل + فعل خبريّ + خبر، مثلاً: .François est intelligent فرنسوا ذكيّ.

خبر attribut	فعل خبريّ verbe d'état	فاعل sujet
ذكيّ intelligent	(يكون) est	فرنسوا François

- فاعل + فعل متعدٍّ + مفعول، مثلاً: .François mange une pomme فرنسوا يأكل تفّاحة.

مفعول complément	فعل متعدٍّ verbe d'action	فاعل sujet
تفّاحة une pomme	يأكل mange	فرنسوا François

- فاعل + فعل لازم: .L'avion décolle الطائرة تقلع.

فعل لازم verbe intransitif	فاعل sujet
تقلع décolle	الطائرة L'avion

الفاعل

يقع الفاعل عادةً قبل الفعل في الجملة الفرنسيّة (بينما في العربيّة يجوز الوجهان) وهو في أغلب الأحيان اسم nom، ضمير pronom، أو groupe nominal **مجموعة اسميّة**. مثلاً:

.Les enfants jouent **الأولاد يلعبون**. ← Les enfants : اسم مذكّر جمع.

.Je travaille **أنا أعمل**. ← Je : ضمير.

.La voiture du directeur est bleue **سيّارة المدير زرقاء**.
← La voiture du directeur : مجموعة اسميّة.

تركيب الجملة المثبتة البسيطة

❶ ضع سطراً تحت الفاعل في الجمل التالية وحدّد نوعه (nom، pronom أو groupe nominal).

a. La table est cassée. ➜ ....

b. Le directeur de l'entreprise organise une réunion. ➜ ....

c. Elle boit une tisane. ➜ ....

d. Ils étudient. ➜ ....

e. La voix de la chanteuse est magnifique ! ➜ ....

f. L'institutrice explique la leçon. ➜ ....

❷ املأ الفراغ بالفاعل المناسب من بين الكلمات التالية:

Le chat   Le poisson   Le cheval   Le lion   Le chien   L'oiseau

a. .... nage. d. .... miaule.

b. .... vole. e. .... aboie.

c. .... rugit. f. .... galope.

الفعل

يقع الفعل بشكل عامّ في الفرنسيّة بعد الفاعل ويطابق نوع وعدد هذا الأخير.

Le verbe transitif **الفعل المتعدّي** هو الفعل الذي يأتي بعده:
- مفعول به مباشر، مثلاً: Je bois une limonade. أشرب عصير ليمون.
- مفعول به غير مباشر، مثلاً: Je parle à Chloé. أتكلّم مع كلُوي.

Le verbe intransitif **الفعل اللازم** هو الفعل الذي لا يقبل مفعولاً به بعده. مثلاً: Il nage هو يسبح.

تركيب الجملة المثبتة البسيطة

3 حدّد إذا كان الفعل في كلّ من الجمل التالية transitif أو intransitif.

a. Elle dort. ➔ verbe ....
b. J'apprends le français. ➔ verbe ....
c. Nous marchons. ➔ verbe ....
d. Ils achètent des fruits. ➔ verbe ....
e. Il rit. ➔ verbe ....
f. Elle ouvre la porte. ➔ verbe ....

4 املأ الفراغ في الجمل بالفعل المناسب من بين الأفعال التالية:

prépare   habitez   travailles   danse   est   aiment

a. Vous .... à Paris.
b. Le chapeau .... sur la table.
c. Les enfants .... les bonbons.
d. Tu .... dans une entreprise.
e. Pierre .... avec Léa.
f. Marie .... le repas.

بنك المفردات

aboyer	نبحَ	miauler	موى
cassé-e	مكسورة	oiseau	عصفور
chat	هرّ/قطّة	organiser	نظّمَ
chien	كلب	ouvrir	فتحَ
fruits	فواكه	repas	وجبة طعام
marcher	مشى	travailler	عملَ

تركيب الجملة المثبتة البسيطة

بنك المفردات

acheter	اشترى	galoper	ركضَ (الخيل)	rire	ضحكَ
aimer	أحبَّ			rugir	زأرَ
attendre	انتظرَ	lion	أسد	voix	صوت
cheval	حصان	magnifique	رائع	voler	طارَ / سرقَ
danser	رقصَ	poisson	سمكة		
expliquer	شرحَ	préparer	حضّرَ		
fête	حفلة	réunion	اجتماع		

المفعول به المباشر / المفعول به غير المباشر

إنّ المفعول به في الفرنسيّة نوعان:

• Le complément d'objet direct أو COD **المفعول به المباشر** هو ما يقع عليه مباشرةً فعل الفاعل ولا يفصل شيء بينه وبين الفعل. مثلاً: J'ouvre les fenêtres. **أفتح النوافذ**.

• Le complément d'objet indirect أو COI **المفعول به غير المباشر** هو ما يقع عليه فعل الفاعل بطريقة غير مباشرة ويفصل بينه وبين الفعل حرف جر (de, à...). مثلاً: Je pense à mes enfants. **أفكّر في أولادي**.

إذا ورد النوعان في نفس الجملة، يأتي المفعول به المباشر قبل المفعول به غير المباشر، مثلاً: L'institutrice explique le texte à l'élève. **المدرّسة تشرح النصّ للتلميذ**.

← le texte **النصّ** هو المفعول به المباشر و l'élève à **للتلميذ** هو المفعول به غير المباشر.

٥ حدّد إذا كان ما تحته خطّ COD أو COI.

a. Nous jouons de la guitare. → ....   d. Il parle de l'entreprise. → ....

b. Cédric écrit une lettre. → ....   e. Vous buvez un jus de pomme. → ....

c. Elle pense à son problème. → ....   f. Laura aime les cerises. → ....

تركيب الجملة المثبتة البسيطة

٦ أكمل الجمل التالية بالمفعول به المباشر أو غير المباشر المناسب من بين الاقتراحات التالية:

la chemise   à ses enfants   le journal
un poème   un article   au passant

a. La mère raconte une histoire ....
b. L'élève récite ....
c. La journaliste rédige ....
d. Je repasse ....
e. J'indique le chemin ....
f. Elle lit ....

٧ رتّب الكلمات لإعادة تركيب كلّ من الجمل التالية. لا تنسَ استعمال الحرف الكبير في بداية الجملة ووضع النقطة في آخرها:

a. nous / une voiture / avons ➜ ....
b. attend / il / le bus ➜ ....
c. une robe / porte / elle ➜ ....
d. tu / à Sandra / un cadeau / offres ➜ ....
e. ont / un chien / ils ➜ ....
f. envoie / un colis / à son ami / Christophe
➜ ....

تركيب الجملة المثبتة البسيطة

الظرف

بالإضافة إلى العناصر الأساسيّة الضروريّة لتركيبها، يمكن أن تتضمّن الجملة الفرنسيّة المثبتة البسيطة ظرفاً (أو أكثر) يعطي معلومات إضافيّة عن الحدث الذي تعبّر عنه (مكانه، زمانه، الهدف منه، سببه إلخ.).

لن ندخل في تفاصيل الظروف في هذا الدرس ولكنّنا نذكر منها على سبيل المثال:
- Le complément circonstanciel de temps **ظرف الزمان**، الذي يجيب على السؤال "**متى؟**"، مثلاً: Elle vient **ce soir**. **هي تأتي هذا المساء**.
- Le complément circonstanciel de lieu **ظرف المكان**، الذي يجيب على السؤال "**أين؟**"، مثلاً: Il habite **à Paris**. **هو يسكن في باريس**.

يمكن للظرف:
- أن يرد في أوّل الجملة أو في آخرها، مثلاً: Elle vient **ce soir**. **هي تأتي هذا المساء**./ **Ce soir**, elle vient. **هذا المساء، هي تأتي**.
- أن يكون مؤلّفاً من كلمة واحدة، مثلاً: **bientôt قريباً**، أو من عدّة كلمات، مثلاً: à huit heures **في الساعة الثامنة**.
- أن يتقدّمه حرف جرّ، مثلاً: à la cantine **في مطعم المدرسة**.

٨ ضع خطًّا تحت الظرف في الجمل التالية وحدّد نوعه:
complément circonstanciel de temps
أو complément circonstanciel de lieu.

a. Il part à huit heures. ➜ complément circonstanciel de ....

b. Elle est réceptionniste dans un hôtel. ➜ complément circonstanciel de ....

c. Les élèves déjeunent à la cantine. ➜ complément circonstanciel de ....

d. Camille arrive bientôt. ➜ complément circonstanciel de ....

e. Je dors sur le canapé. ➜ complément circonstanciel de ....

f. Aujourd'hui, je travaille. ➜ complément circonstanciel de ....

تركيب الجملة المثبتة البسيطة

٩ ضع علامة x في الخانة المناسبة التي ينتمي إليها ما تحته خطّ في الجملة.

		sujet فاعل	verbe فعل	COD مفعول به مباشر	COI مفعول به غير مباشر	attribut خبر	complément circonstanciel ظرف
a.	Je prépare le repas dans la cuisine.						
b.	L'élève offre un cadeau à l'institutrice.						
c.	Elle écrit un poème.						
d.	Tu dors tôt.						
e.	Il boit un café.						
f.	La soupe est chaude.						

١٠ ترجم جمل التمرين السابق إلى العربيّة.

a. ....
b. ....
c. ....
d. ....
e. ....
f. ....

تركيب الجملة المثبتة البسيطة

بنك المفردات

déjeuner	تناولَ الغداء / غداء	à son ami	لِصديقه
écrire	كتبَ	arriver	وصلَ
envoyer	أرسلَ	article	مقال
histoire	قصّة	aujourd'hui	اليوم
indiquer	دلَّ / أشارَ	cadeau	هديّة
jus de pomme	عصير تفّاح	canapé	أريكة
lettre	رسالة	chemin	طريق
offrir (un cadeau)	قدّمَ (هديّة)	colis	طرد
partir	رحلَ		
passant	مارّ		
penser	فكّرَ		
poème	قصيدة		
problème	مشكلة		
raconter	حكى		
réciter (un poème)	ألقى (قصيدة)		
rédiger (un texte)	حرّرَ (نصّاً)		
repasser	كوى		
restaurant	مطعم		

Génial ! رائع!
ها أنتم قد انتهيتم من حلّ تمارين الفصل السادس.
حان الآن الوقت لجمع الرموز وتدوين عددها في الصفحة ١٢٨ للتقييم النهائي.

أفعال المجموعة الأولى بالمضارع (الحاضر) من الحالة الدلاليّة

أفعال المجموعة الأولى

تُقسم الأفعال في الفرنسيّة إلى ثلاث مجموعات مصنّفة بحسب نهايات مصادرها وطريقة تصريفها. وسنرى في هذا الفصل **أفعال المجموعة الأولى** les verbes du 1er groupe.

تشمل هذه المجموعة كلّ الأفعال "السالمة" الذي ينتهي مصدرها بالحرفين -er (باستثناء الفعل الشاذّ aller ذهبَ الذي ينتمي إلى المجموعة الثالثة)، مثلاً: habiter سكنَ.

عندما نصرّف أفعال المجموعة الأولى بالمضارع (الحاضر) من الحالة الدلاليّة، نحذف النهاية -er من آخر المصدر ونضع مكانها النهايات التالية التي تختلف بحسب الضمير. لنرى مثلاً تصريف الفعل danser رقصَ.

le pronom الضمير	suffixe remplaçant la terminaison -er dans la racine الملحق الذي يحلّ محلّ النهاية -er في المصدر	verbe conjugué au présent de l'indicatif الفعل المصرّف بالمضارع من الحالة الدلاليّة
je أنا	-e	je danse أرقص
tu أنتَ - أنتِ	-es	tu danses ترقص - ترقصين
il هو	-e	il danse يرقص
elle هي	-e	elle danse ترقص
nous نحن	-ons	nous dansons نرقص
vous أنتما / أنتم - أنتنّ	-ez	vous dansez ترقصان / ترقصون - ترقصنَ
ils هما / هم	-ent	ils dansent يرقصان / يرقصون
elles هما / هنّ	-ent	elles dansent ترقصان / يرقصنَ

٤٢

أفعال المجموعة الأولى بالمضارع (الحاضر) من الحالة الدلاليّة

١ املأ الفراغ بالنهاية المناسبة لتصريف فعل aimer بالمضارع.

a. nous aim........   c. tu aim........   e. vous aim........

b. elle aim........   d. ils aim........   f. j'aim........

٢ صحّح الأخطاء الواردة في أفعال الجمل التالية.

a. Tu repasse la nouvelle robe.

→ ....

b. Elles travaille à Paris.

→ ....

c. Vous déjeunons dans un restaurant.

→ ....

d. Les oiseaux vole et les chevaux galope.

→ ....

e. J'expliques le problème à Sarah.

→ ....

f. La directrice organisent un voyage.

→ ....

بعض أفعال المجموعة الأولى الشائعة الاستعمال

accepter	قبِلَ	crier	صرخَ	entrer	دخلَ
aider	ساعَدَ	discuter	تحادثَ	fermer	أغلقَ/أقفلَ
apporter	جلبَ	donner	أعطى	jouer	لعبَ
chanter	غنّى	écouter	استمعَ إلى	laver	غسلَ
chercher	بحثَ عن	embrasser	قبّلَ	manger	أكلَ

أفعال المجموعة الأولى بالمضارع (الحاضر) من الحالة الدلاليّة

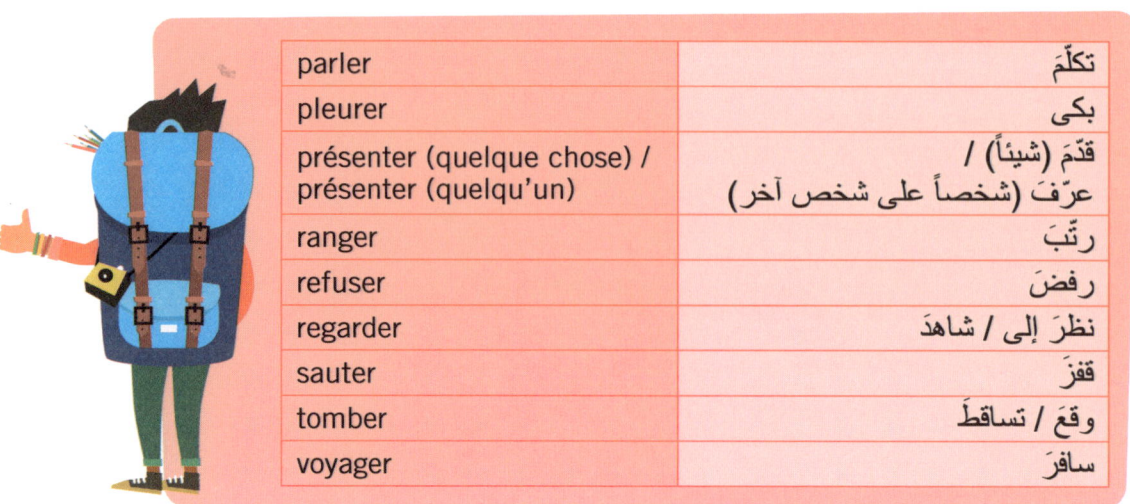

parler	تكلّمَ
pleurer	بكى
présenter (quelque chose) / présenter (quelqu'un)	قدّمَ (شيئاً) / عرّفَ (شخصاً على شخص آخر)
ranger	رتّبَ
refuser	رفضَ
regarder	نظرَ إلى / شاهدَ
sauter	قفزَ
tomber	وقعَ / تساقطَ
voyager	سافرَ

٣ أكمل الجمل التالية بالفعل المناسب من بين الأفعال التالية، مصرّفاً إيّاه بالمضارع:

écouter   laver   ranger   voyager   fermer   tomber

a. Nous .... les assiettes sales.

b. Il .... les livres dans la bibliothèque.

c. Les feuilles des arbres .... en automne.

d. Tu .... la fenêtre.

e. Elles .... à Paris bientôt.

f. Vous .... de la musique.

أفعال المجموعة الأولى بالمضارع (الحاضر) من الحالة الدلاليّة

4 دوّن تحت كلّ صورة الفعل الذي ترمز إليه.

a. ....

b. ....

c. ....

1. danser
2. chanter
3. pleurer
4. embrasser
5. manger
6. jouer

d. ....

e. ....

f. ....

5 أكمل الجدول التالي بالفعل أو بالضمير الناقص.

je	parle
tu	
	parle
elle	

nous	
	parlez
	parlent
elles	

6 ترجم الجمل التالية إلى الفرنسيّة.

d. هي ترتدي قميصاً أخضر.

....

e. أنتنّ تغلقنَ الباب.

....

f. أنتِ تصرخين.

....

a. هم يحضّرون القهوة.

....

b. هما تأكلان الكرز.

....

c. المدير يقدّم الموظّفة الجديدة.

....

أفعال المجموعة الأولى بالمضارع (الحاضر) من الحالة الدلاليّة

٧ أكمل الجمل بالفعل الموضوع بين قوسين مُصرَّفاً بالمضارع.

a. J' (apporter) .... une boîte de chocolats.
b. Aurélien (discuter) .... avec Nicolas.
c. Vous (indiquer) .... le chemin au passant.
d. Les élèves (entrer) .... dans la classe.
e. Augustin et Louise (regarder) .... un film.
f. Nous (raconter) .... une histoire.

٨ صرّف الأفعال الموجودة بين قوسين في المضارع ثمّ ابحث عنها في الجدول واشطبها. اجمع الأحرف المتبقية لاكتشاف الكلمة السرّيّة وهي فعل من أفعال المجموعة الأولى. انتبه: يمكن أن تكون بعض الأحرف مشتركة بين فعلين في الجدول.

S	A	U	T	E	N	T
M	C	A		R		
		C	H	E	R	C	H	E
R	E	F	U	S	O	N	S
	P			C		
	T	D	O	N	N	E
H	E					E
R	Z	A	I	D	E	S

a. Vous (accepter) ....
b. Je (donner) ....
c. Il (chercher) ....
d. Elles (sauter) ....
e. Nous (refuser) ....
f. Tu (aider) ....

الكلمة السرّيّة هي: ....

أفعال المجموعة الأولى بالمضارع (الحاضر) من الحالة الدلاليّة

الأفعال المنتهية بـ -yer

عندما نصرّف بالمضارع من الحالة الدلاليّة أفعال المجموعة الأولى المنتهية بـ: -yer، نحوّل حرف y في نهايتها إلى حرف i عندما يتضمّن ملحق التصريف حرف e صامت. لتوضيح هذه القاعدة، إليكم على سبيل المثال تصريف فعل envoyer أرسلَ في الجدول التالي:

j'envoie أنا أرسل	مع الضمائر (je, tu, il(s), elle(s))، ينتهي الفعل المضارع بالحرف الصامت: e muet (الذي يُكتب ولا يُلفظ)، لذا حوّلنا y الفعل إلى i.
tu envoies أنتَ ترسل - أنتِ ترسلين	
il envoie هو يرسل	
elle envoie هي ترسل	
ils envoient هما يرسلان / هم يرسلون	
elles envoient هما ترسلان / هنّ يرسلنَ	
nous envoyons نحن نرسل	مع الضمير nous لا نجد في ملحق التصريف حرف e ومع الضمير vous إنَّ حرف e الموجود في النهاية ليس صامتاً، لذلك حافظنا على حرف y هنا.
vous envoyez أنتما ترسلان / أنتم ترسلون - أنتنّ ترسلنَ	

٩ صرّف الأفعال الموجودة بين قوسين في المضارع.

a. Le chien (aboyer) ....

b. Nous (nettoyer) .... la chambre.

c. Tu (payer) .... la facture.

d. Sarah (essayer) .... une nouvelle jupe.

e. Vous (essuyer) .... la table.

f. Elles (appuyer) .... sur le bouton.

أفعال المجموعة الأولى بالمضارع (الحاضر) من الحالة الدلاليّة

الأفعال المنتهية بـ -eler أو -eter

إنّ أفعال المجموعة الأولى التي تنتهي بالأحرف -eler أو -eter تتّبع القواعد الإملائيّة التالية عندما تُصرّف بالمضارع من الحالة الدلاليّة:

• في البعض منها، نضاعف حرف l أو t عندما يأتي في نهايتها الحرف الصامت e muet: إليكم على سبيل المثال جدول تصريف الفعلين appeler نادى / هاتفَ و jeter رمى.

je jette أنا أرمي	j'appelle أنا أنادي / أهاتف	مع الضمائر je, tu, il(s), elle(s)، ينتهي الفعل المضارع بالحرف الصامت: e muet، لذا ضاعفنا حرف l في الفعل appeler وحرف t في الفعل jeter.
tu jettes أنتَ ترمي – أنتِ ترمين	tu appelles أنتَ تنادي / تهاتف أنتِ تنادين / تهاتفين	
il jette هو يرمي	il appelle هو ينادي / يهاتف	
elle jette هي ترمي	elle appelle هي تنادي / تهاتف	
ils jettent هما يرميان / هم يرمون	ils appellent هما يناديان / يهاتفان هم ينادون / يهاتفون	
elles jettent هما ترميان / هنّ يرمينَ	elles appellent هما تناديان / تهاتفان هنّ ينادينَ / يهاتفنَ	
nous jetons نحن نرمي	nous appelons نحن ننادي / نهاتف	مع الضمير nous لا نجد في ملحق التصريف حرف e ومع الضمير vous إنّ حرف e الموجود في النهاية ليس صامتاً، لذلك لم نضاعف حرفي l أو t.
vous jetez أنتما ترميان / أنتم ترمون أنتنّ ترمينَ	vous appelez أنتما تناديان / أنتم تنادون أنتنّ تنادينَ	

٤٨

أفعال المجموعة الأولى بالمضارع (الحاضر) من الحالة الدلاليّة

• وفي البعض منها، يتحوّل حرف e الموجود في الجذر إلى è أمام مقطع لفظيّ صامت. لنرى تطبيق هذه القاعدة مع تصريف الفعلين acheter اشترى و peler قشّرَ.

je pèle أنا أقشّر	j'achète أنا أشتري	مع الضمائر je, tu, il(s), elle(s)، ينتهي الفعل المضارع بمقطع لفظيّ صامت، لذا حوّلنا حرف e في الجذر إلى è.
tu pèles أنتَ تقشّر - أنتِ تقشّرين	tu achètes أنتَ تشتري – أنتِ تشترين	
il pèle هو يقشّر	il achète هو يشتري	
elle pèle هي تقشّر	elle achète هي تشتري	
ils pèlent هما يقشّران / هم يقشّرون	ils achètent هما يشتريان / هم يشترون	
elles pèlent هما تقشّران / هنّ يقشّرنَ	elles achètent هما تشتريان / هنّ يشترينَ	
nous pelons نحن نقشّر	nous achetons نحن نشتري	مع الضميرين nous و vous ينتهي الفعل بمقطع لفظيّ صائت، لذا أبقينا حرف e في الجذر على حاله.
vous pelez أنتما تقشّران / أنتم تقشّرون أنتنّ تقشّرنَ	vous achetez أنتما تشتريان / أنتم تشترون أنتنّ تشترينَ	

١٠ صرّف بالمضارع الأفعال الموجودة بين قوسين.

a. Je (épeler) .... mon nom.

b. Nous (épousseter) .... les étagères.

c. Elle (congeler) .... la viande.

d. Il (feuilleter) .... le livre.

e. Vous (rappeler) .... le client.

f. Tu (renouveler) .... l'abonnement.

أفعال المجموعة الأولى بالمضارع (الحاضر) من الحالة الدلاليّة

بنك المفردات

abonnement	اشتراك		chambre	غرفة
appuyer	ضغطَ على		classe	صفّ
arbre	شجرة		client	زبون
assiette	صحن		congeler	جمّدَ
automne	خريف		élève	تلميذ
bibliothèque	مكتبة		épeler	تهجّأ
bouton	زرّ		épousseter	أزالَ الغبار
			essayer	جرّبَ / قاسَ (ثياباً)
			essuyer	مسحَ
			facture	فاتورة
			feuille	ورقة
			feuilleter	تصفّحَ
			film	فيلم
			mon nom	اسمي
			musique	موسيقى
			nettoyer	نظّفَ
			payer	دفعَ
			rappeler	عاودَ الاتّصال
			renouveler	جدّدَ
			viande	لحم

Magnifique! رائع!
ها أنتم قد انتهيتم من حلّ تمارين الفصل السابع.
حان الآن الوقت لجمع الرموز وتدوين عددها في الصفحة ١٢٨ للتقييم النهائي.

أفعال المجموعة الثانية بالمضارع (الحاضر) من الحالة الدلاليّة

أفعال المجموعة الثانية

تشمل هذه المجموعة الأفعال "السالمة" التي ينتهي مصدرها بالحرفين -ir.
انتبهوا: إنّ بعض الأفعال المنتهية بـ-ir لا تنتمي إلى المجموعة الثانية بل إلى المجموعة الثالثة الّتي سنراها في الفصل القادم.

يساعدنا le participe présent اسم **المفعول الحاضر** إلى معرفة إذا ما كان الفعل ينتمي إلى المجموعة الثانية أو الثالثة: فهو ينتهي بـ: -issant مع أفعال المجموعة الثانية. مثلاً:

finir أنهى ← finissant منهياً

عندما نصرّف أفعال المجموعة الثانية بالمضارع (الحاضر) من الحالة الدلاليّة، نحذف النهاية -ir من آخر المصدر ونضع مكانها نهايات تختلف بحسب الضمير. لنرى مثلاً تصريف الفعل finir أنهى:

le pronom الضمير	suffixe remplaçant la terminaison -ir dans la racine الملحق الذي يحلّ محلّ النهاية -ir في المصدر	verbe conjugué au présent de l'indicatif الفعل المصرّف بالمضارع من الحالة الدلاليّة
je أنا	-is	je finis أنهي
tu أنتَ - أنتِ	-is	tu finis تنهي - تنهين
il هو	-it	il finit ينهي
elle هي	-it	elle finit تنهي
nous نحن	-issons	nous finissons ننهي
vous أنتما / أنتم - أنتنّ	-issez	vous finissez تنهيان / تنهون - تنهينَ
ils هما / هم	-issent	ils finissent ينهيان / ينهون
elles هما / هنّ	-issent	elles finissent تنهيان / ينهينَ

أفعال المجموعة الثانية بالمضارع (الحاضر) من الحالة الدلاليّة

بعض أفعال المجموعة الثانية الشائعة الاستعمال

aboutir	أوصلَ إلى مكان ما / توصّلَ إلى	grandir	كَبُرَ
		grossir	سمِنَ
accomplir	أنجزَ	jaunir	اصفرَّ / صفَرَ
adoucir	نعَّمَ / حلَّى المذاق	maigrir	نحفَ
agrandir	كبَّرَ	moisir	تعفَّنَ
applaudir	صفَّقَ	mûrir	نضجَ
assortir	لاءمَ	noircir	اسودَّ / سوَّدَ
atterrir	هبَطَ	nourrir	أطعمَ
bâtir	بنى	obéir	أطاعَ
blanchir	ابيضَّ / بيَّضَ	pâlir	شحبَ
choisir	اختارَ	ralentir	خفَّفَ السرعة / أبطأَ
éclaircir	فتَّحَ اللّون / وضَّحَ أمراً	réfléchir	فكَّرَ
farcir	حشا	remplir	ملأَ
fleurir	أزهرَ	réunir	جمعَ
frémir	ارتجفَ	réussir	نجحَ
		rougir	احمرَّ / حمَّرَ
		saisir	مسكَ
		salir	وسَّخَ
		trahir	خانَ
		vieillir	شاخَ
		vomir	تقيَّأَ

١ املأ الفراغ بالنهاية المناسبة لتصريف فعل grandir بالمضارع.

a. je grand………
b. nous grand………
c. elle grand………
d. elles grand………
e. vous grand………
f. tu grand………

٥٢

أفعال المجموعة الثانية بالمضارع (الحاضر) من الحالة الدلاليّة

٢ صحّح الأخطاء الواردة في أفعال الجمل التالية.

a. Le lion rugis. → ....
b. Ils bâtissez un mur. → ....
c. Je réfléchit à ce problème. → ....
d. Il remplissent la tasse. → ....
e. Les tomates du jardin mûris. → ....
f. Tu maigrit ! → ....

٣ أكمل الجمل التالية بالفعل المناسب من بين الأفعال التالية، مصرّفاً إيّاه بالمضارع:

jaunir   **farcir**   **vomir**   **frémir**   **rougir**   **fleurir**

a. Ils .... de peur.
b. Le jardin .... au printemps.
c. La cuisinière .... la dinde de Noël.
d. Tu es malade : tu ....
e. Les feuilles des arbres .... en automne.
f. Elles .... de honte.

٤ صرّف أفعال التمرين السابق مع الضمائر التالية.

a. il (jaunir) → ....
b. elles (farcir) → ....
c. ils (fleurir) → ....
d. vous (rougir) → ....
e. nous (frémir) → ....
f. je (vomir) → ....

أفعال المجموعة الثانية بالمضارع (الحاضر) من الحالة الدلاليّة

٥ أكمل الجدول التالي بالفعل أو بالضمير الناقص.

nous			vous	
elles			il	
j'	accomplis		ils	
	accomplis			accomplit

٦ ترجم الجمل التالية إلى الفرنسيّة.

a. نحن نوسّخ الشرشف. ← ....
b. هما يصفّقان. ← ....
c. تجمع المديرة الموظّفين. ← ....
d. أنتِ تختارين الفستان الأبيض. ← ....
e. هما تأكلان كثيراً وتسمنان. ← ....
f. هي تمسكُ عصاً. ← ....

٧ صرّف بالمضارع الأفعال الموجودة بين قوسين.

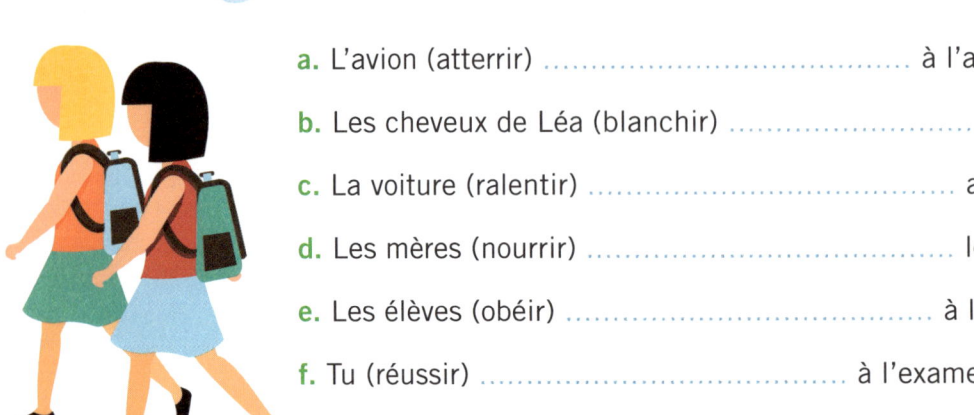

a. L'avion (atterrir) .... à l'aéroport d'Orly.
b. Les cheveux de Léa (blanchir) ....
c. La voiture (ralentir) .... au feu orange.
d. Les mères (nourrir) .... les enfants.
e. Les élèves (obéir) .... à la maîtresse.
f. Tu (réussir) .... à l'examen.

أفعال المجموعة الثانية بالمضارع (الحاضر) من الحالة الدلاليّة

٨ املأ جدول الكلمات المتقاطعة بترجمة الأفعال التالية إلى الفرنسيّة واكتشف الفعل المخبّأ في الخانات الملوّنة وهو فعل من أفعال المجموعة الثانية.

a. سمنَ   c. أطعمَ   e. اسودَّ / سوّدَ
b. أطاعَ   d. كَبَّرَ   f. كَبُرَ

الفعل هو: ....

٩ اشطب الأجوبة الخاطئة من بين الاقتراحات.

a. je : réussit / réussis / réussir
b. ils : réussissent / réussissons / réussis
c. vous : réussissons / réussiez / réussissez

d. tu : réussis / réussit / réussies
e. elle : réussit / réussir / réussis
f. elles : réussissez / réussissent / réussissons

١٠ صرّف الأفعال الموجودة بين قوسين في المضارع.

a. L'huile d'olive (adoucir) .... la peau.
b. Les pommes (moisir) .... dans le panier.
c. J'(assortir) .... la chemise avec la jupe.
d. Cette rue (aboutir) .... à une impasse.
e. Il (pâlir) .... de colère.
f. La couleur blanche (éclaircir) .... la pièce.

أفعال المجموعة الثانية بالمضارع (الحاضر) من الحالة الدلاليّة

بنك المفردات

à l'examen	في الامتحان	malade	مريض-ـة
aéroport	مطار	mur	حائط
bâton	عصا	nappe	شرشف
de colère	من الغضب	Noël	عيد الميلاد
de honte	من الخجل	panier	سلّة
dinde	حبشة	peau	بشرة
feu	نار / إشارة سير ضوئيّة	peur	خوف
huile d'olive	زيت زيتون	pièce	غرفة
impasse	طريق مسدود	printemps	ربيع
jardin	بستان	tomates	طماطم
maîtresse	معلّمة مدرسة		

Époustouflant! مدهش!
ها أنتم قد انتهيتم من حلّ تمارين الفصل الثامن.
حان الآن الوقت لجمع الرموز وتدوين عددها في الصفحة ١٢٨ للتقييم النهائي.

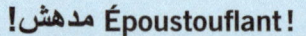

أفعال المجموعة الثالثة بالمضارع (الحاضر) من الحالة الدلاليّة

أفعال المجموعة الثالثة

تضمّ هذه المجموعة les verbes irréguliers **الأفعال الشاذّة** أيّ كلّ الأفعال الّتي لا تنتمي إلى المجموعتين الأولى والثانية.

لا تخضع أفعال هذه المجموعة إلى قاعدة تصريف موحّدة لذا ننصحكم بالاستعانة بكتاب أو بموقع إلكتروني لتصريف الأفعال الفرنسيّة في البداية. ومع التمرّس والتمرين ستتقنون شيئاً فشيئاً تصريف هذه الأفعال الشاذّة.

من بين الأفعال المنتمية إلى المجموعة الثالثة، نجد على سبيل المثال (اللائحة غير حصريّة):

- الأفعال المنتهية بـ: -oir- مثلاً: vouloir **أرادَ**، -tre- مثلاً: mettre **وضعَ**، -dre- مثلاً: attendre **انتظرَ**، إلخ.
- الأفعال المنتهية بـ: -ir- الّتي لا تنتمي إلى المجموعة الثانية أيّ الأفعال التي ينتهي le participe présent منها بالملحق: -ant- مثلاً: offrir **قدّمَ** ← offrant **مقدّماً**.
- الفعل الشاذّ aller **ذهبَ**.

نعطيكم هنا تصريف فعل aller في المضارع من الحالة الدلاليّة لسببين: من جهة الفعل المصرّف منه يختلف تماماً عن الجذر (إلّا مع الضميرين nous و vous) ومن جهة أخرى سنحتاج إلى هذا الفعل لتصريف المستقبل القريب الذي سنراه في الفصل الثالث عشر من هذا الدفتر. ولكن لا تنسوا أنّ هذا الجدول لا يشكّل نموذجاً لتصريف باقي أفعال المجموعة الثالثة: فهذه الأخيرة لا تتّبع قاعدة تصريف موحّدة كما ذكرنا أعلاه.

je vais	أنا أذهب
tu vas	أنتَ تذهب - أنتِ تذهبين
il - elle va	هو يذهب - هي تذهب
nous allons	نحن نذهب
vous allez	أنتما تذهبان / أنتم تذهبون - أنتنّ تذهبنَ
ils - elles vont	هما يذهبان / هم يذهبون - هما تذهبان / هنّ يذهبنَ

أفعال المجموعة الثالثة بالمضارع (الحاضر) من الحالة الدلاليّة

بعض أفعال المجموعة الثالثة الشائعة الاستعمال

accueillir	استقبلَ	perdre	خسرَ / أضاعَ
boire	شربَ	pouvoir	استطاعَ
conduire	قادَ	prendre	أخذَ
connaître	عرفَ شخصاً	rendre	أعادَ
courir	ركضَ	répondre	أجابَ
croire	صدّقَ	résoudre	حلَّ
cueillir	قطفَ	revenir	رجعَ / عادَ
descendre	نزلَ	savoir	عرفَ
dire	قالَ	sentir	شمَّ / شعرَ
dormir	نامَ	sortir	خرجَ
faire	فعلَ	sourire	ابتسمَ
fondre	ذابَ	suivre	تبعَ
lire	قرأ	vendre	باعَ
mentir	كذبَ	venir	أتى
obtenir	حصلَ على	voir	رأى
paraître	بدا	vouloir	أرادَ
peindre	دهنَ / رسمَ لوحة		

❶ دوّن تحت كلّ صورة الفعل الذي ترمز إليه.

1. écrire
2. sourire
3. courir
4. boire
5. lire
6. peindre

a. .... b. .... c. ....

d. .... e. .... f. ....

أفعال المجموعة الثالثة بالمضارع (الحاضر) من الحالة الدلاليّة

٢ ما هو مصدر الأفعال التالية المصرّفة بالمضارع من الحالة الدلاليّة؟

a. nous descendons : ....
b. je cours : ....
c. tu peux : ....
d. vous riez : ....
e. elles voient : ....
f. il veut : ....

٣ أكمل الجمل بالفعل المناسب من بين الأفعال التالية، مصرّفاً إيّاه بالمضارع:

dire   **rendre**   **boire**   **accueillir**   **offrir**   **croire**   **fondre**

a. Elle .... un cadeau à Marie.
b. Tu .... un verre d'eau.
c. La glace .... avec cette chaleur.
d. Je .... Julie : elle .... la vérité.
e. Nous .... les invités.
f. Vous .... la clé de la chambre.

٤ حوّل ما تحته خطّ من المفرد إلى الجمع.

a. Je pars demain. → ....
b. L'étudiant lit un roman de Victor Hugo. → ....
c. L'artiste peint un beau tableau. → ....
d. Il connaît le directeur. → ....
e. Elle sourit. → ....
f. La danseuse paraît douée. → ....

أفعال المجموعة الثالثة بالمضارع (الحاضر) من الحالة الدلاليّة

٥ أكمل الجدول التالي الذي يحتوي على تصريف فعل faire بالمضارع، بالفعل أو بالضمير الناقص.

	faisons
elle	
	fait
je	

	fais
	faites
elles	
	font

٦ ترجم الجمل التالية إلى العربيّة.

a. Nous ouvrons les fenêtres. → ....

b. Elle va au cinéma. → ....

c. Il perd le pari ! → ....

d. Elles prennent les clés de la voiture. → ....

e. Ils reviennent demain. → ....

f. Le peintre sort de l'atelier. → ....

٧ أكمل الجمل التالية بالفعل aller مصرّفاً بالمضارع من الحالة الدلاليّة:

a. Nous .... au théâtre.

b. Tu .... à Montréal.

c. Vous .... au restaurant.

d. Ils .... à la cantine.

e. Elle .... à l'aéroport.

f. Je .... à la gare.

أفعال المجموعة الثالثة بالمضارع (الحاضر) من الحالة الدلاليّة

٨ تترجم الجمل التالية إلى الفرنسيّة.

a. نحن نستقبلُ الزائر. ← ....
b. أنتَ تقطفُ أزهاراً في البستان. ← ....
c. أنتم تبيعون الشقّة. ← ....
d. هنّ يكذبنَ! ← ....
e. هي تقود سيّارة جديدة. ← ....
f. هو يدهن الحائط. ← ....

٩ حدّد المجموعة التي ينتمي إليها كلّ من الأفعال التالية بوضع علامة x في الخانة المناسبة.

Le verbe الفعل	1er groupe المجموعة الأولى	2e groupe المجموعة الثانية	3e groupe المجموعة الثالثة
passer			
savoir			
sentir (participe présent : sentant)			
répondre			
copier			
agir (participe présent : agissant)			

أفعال المجموعة الثالثة بالمضارع (الحاضر) من الحالة الدلاليّة

 ١٠ اشطب الأجوبة الخاطئة من بين الاقتراحات الموضوعة بين قوسين.

a. (Ils / Il / Vous) dormez dans le grand lit.

b. Ils (obtiens / obtient / obtiennent) toujours ce qu'ils veulent !

c. Julien (résous / résout / résolvent) le problème.

d. Paloma (rends / rend / rendez) les clés de l'appartement.

e. Camille et Chloé (viennent / venez / viens) à la fête.

f. Nous (suit / suivez / suivons) Léon dans la rue.

بنك المفردات

agir	تصرّفَ	glace	ثلج / بوظة
atelier	مشغل	invité	ضيف
au	إلى	lit	سرير
ce que	ما	pari	رهان
chaleur	حَرّ	passer	مرَّ
cinéma	سينما	roman	رواية
clé/clef	مفتاح	tableau	لوحة
copier	نسخَ	théâtre	مسرح
demain	غداً	toujours	دائماً
doué-e	موهوب-ـة	vérité	حقيقة
eau	ماء	visiteur	زائر

Parfait! ممتاز!
ها أنتم قد انتهيتم من حلّ تمارين الفصل التاسع.
حان الآن الوقت لجمع الرموز وتدوين عددها في
الصفحة ١٢٨ للتقييم النهائي.

١٠
صفات وضمائر الملكيّة

صفات الملكيّة

يمكن مقارنة les adjectifs possessifs **صفات الملكيّة** الفرنسيّة بالضمائر المتصلّة في آخر الاسم بالعربيّة والّتي تدلّ على الملكيّة .

يطابق l'adjectif possessif نوع وعدد المملوك ويُعلمنا من هو المالك. مثلاً:
ma voiture سيّارتي، **mes** voitures سيّاراتي.

المالك		صفة الملكيّة بالمفرد		صفة الملكيّة بالجمع
		المملوك مؤنّث	المملوك مذكّر	المملوك مذكّر أو مؤنّث
je	أنا	ma* ـي	mon ـي	mes ـي
tu	أنتَ - أنتِ	ta* ـكَ - ـكِ	ton ـكَ - ـكِ	tes ـكَ - ـكِ
il	هو	sa* ـه - ـها	son ـه - ـها	ses ـه - ـها
elle	هي			
nous	نحن	notre ـنا		nos ـنا
vous	أنتما / أنتم - أنتنّ	votre ـكما / ـكم - ـكنّ		vos ـكما / ـكم - ـكنّ
ils	هما / هم	leur ـهما / ـهم - ـهنّ		leurs ـهما / ـهم - ـهنّ
elles	هما / هنّ			

* أمام اسم المملوك المؤنّث الذي يبدأ بحرف علّة أو بـ h صامت، نستعمل صفات الملكيّة mon، ton، son بدلاً من ma، ta، sa حتّى نتمكّن من الوصل في اللفظ بين الكلمتين. مثلاً:
mon amie **صديقتي**، mon horloge **ساعتي**.

١ ترجم ما يلي إلى الفرنسيّة.

a. أخي : ....
b. أمّي : ....
c. كتفي : ....
d. أسناني : ....
e. عيناي : ....
f. جريدتي : ....

صفات وضمائر الملكيّة

٢ املأ الفراغ بصفة الملكيّة المناسبة من بين ما يلي:

ta, ton, tes

a. ……… nièce   c. ……… appartement   e. ……… clés

b. ……… travail   d. ……… cousins   f. ……… hôtel

٣ اختر الجواب الصحيح من بين الاقتراحات الموضوعة بين قوسين ودوّنه في الفراغ.

a. Elle raconte une histoire à (son / ses / sa) ……… enfants.

b. Il embrasse (sa / son / ses) ……… femme.

c. Elle range (sa / son / ses) ……… lunettes dans l'étui.

d. Gabrielle invite (sa / son / ses) ……… amies

    à (sa / son / ses) ……… anniversaire.

e. Marie met du mascara sur (son / ses / sa) ……… longs cils.

f. Clément vend (son / sa / ses) ……… entreprise.

٤ حوّل ما تحته خطّ من المفرد إلى الجمع.

a. Je réussis mon examen. ➜ ………………………………

b. Nous récitons notre poème. ➜ ………………………………

c. Elle arrose sa plante. ➜ ………………………………

d. Georges et Antoine paient leur facture. ➜ ………………………………

e. Nous comprenons son explication. ➜ ………………………………

f. Vous discutez avec votre frère. ➜ ………………………………

صفات وضمائر الملكيّة

٥ ترجم ما يلي.

a. mon bureau → ....
b. leurs valises → ....
c. son médecin → ....
d. sa poupée → ....
e. leur mère → ....
f. tes bijoux → ....

ضمائر الملكيّة

يشير ضمير الملكيّة إلى المالك ويحلّ مكانَ ما هو مملوك لتفادي التكرار فيطابق نوع وعدد هذا الأخير. مثلاً: Tu prends tes clés et je prends les miennes.
أنتَ تأخذ مفاتيحك وأنا آخذ مفاتيحي.
كما تلاحظونه هنا، لم نكرّر في الفرنسيّة كلمة clés **مفاتيح** بل ناب عنها ضمير الملكيّة العائد إلى المتكلّم المفرد (لأنّ مالك المفاتيح هو الضمير je **أنا**) وهو بالمؤنّث الجمع ليطابق نوع وعدد المملوك clés.
يمكن ترجمة ضمير الملكيّة في العربيّة بتكرار اسم المملوك مع إضافة الضمير المتّصل العائد إلى المالك في آخره.

المالك	المملوك مذكّر مفرد	المملوك مؤنّث مفرد	المملوك مذكّر جمع	المملوك مؤنّث جمع
je	le mien	la mienne	les miens	les miennes
tu	le tien	la tienne	les tiens	les tiennes
il - elle	le sien	la sienne	les siens	les siennes
nous	le nôtre*	la nôtre*	les nôtres	les nôtres
vous	le vôtre*	la vôtre*	les vôtres	les vôtres
ils - elles	le leur	la leur	les leurs	les leurs

* انتبهوا: يُكتب ضميرا الملكيّة للمتكلّم والمخاطب الجمع مع المدّة المعقوفة: le - la nôtre, le - la vôtre
على عكس صفات الملكيّة notre, votre.

صفات وضمائر الملكيّة

٦ بدّل ما تحته خطّ بضمير الملكيّة المناسب كما في المثل التالي:

Je parle avec mon ami et tu parles avec ton ami.
➜ Je parle avec mon ami et tu parles avec le tien.

a. Nous nettoyons notre chambre et vous nettoyez votre chambre.
➜ ....

b. Elle parle avec son amie et tu parles avec ton amie.
➜ ....

c. Léon préfère mon tableau et Jade préfère leur tableau.
➜ ....

d. Nous découvrons leur pays et ils découvrent notre pays.
➜ ....

e. Notre hôtel est propre et son hôtel est sale.
➜ ....

f. Vous modifiez votre réservation et nous modifions notre réservation.
➜ ....

٧ حوّل ما تحته خطّ من المفرد إلى الجمع.

a. Je répare mon ordinateur et il répare le sien.
➜ ....

b. Nous vendons notre voiture et vous vendez la vôtre.
➜ ....

c. Ils posent leur livre sur la table et nous posons le nôtre sur le bureau.
➜ ....

d. Elle repasse sa jupe et tu repasses la tienne.
➜ ....

e. François choisit son plat au restaurant et Valérie choisit le sien.
➜ ....

f. Rebecca prend sa valise et je prends la mienne.
➜ ....

صفات وضمائر الملكيّة

٨ ترجم الجمل التالية إلى الفرنسيّة.

a. أنتِ تستقبلين ضيوفك وأنا أستقبل ضيوفي.
← ....

b. أنتم تزرعون أزهاراً في بستانكم ونحن نزرع أشجاراً في بستاننا.
← ....

c. هو ينام في سريرها وهي تنام في سريره.
← ....

d. أنتم تحلّون مشاكلهم وهم يحلّون مشاكلكم.
← ....

e. أنتما تضيعان مفاتيحكما وهما تضيعان مفاتيحهما.
← ....

f. هنّ يأكلنَ تفّاحاتهنّ وأنتَ تأكل تفّاحتك.
← ....

٩ أعد كتابة الجمل التالية مصحّحاً الأخطاء الواردة فيها.

a. Notre école est fermée aujourd'hui et **le vôtre** est ouverte.
→ ....

b. Sa tasse est pleine et **les tiens** est vide.
→ ....

c. Tes cheveux sont longs et **les siennes** sont courts.
→ ....

d. Notre exercice est facile et **la leur** est difficile.
→ ....

e. Ta boisson est acide et **le mien** est amère !
→ ....

f. **Vôtre** maison est grande et la nôtre est petite.
→ ....

صفات وضمائر الملكيّة

١٠ اشطب الأجوبة الخاطئة من بين الاقتراحات الموضوعة بين قوسين.

a. Notre appartement est à Paris et (le votre / vôtre / le vôtre) est à Lyon.

b. Mon nom est Mathieu et (les tiens / le tien / la tienne) est Lucas.

c. Sa mère est infirmière et (la leur / le leur / les leurs) est journaliste.

d. Ta soupe est chaude et (le mien / la mienne / les miennes) est salée !

e. Ma jupe est blanche et (la sienne / le sien / les siens) est bleue.

f. J'invite mes neveux et tu invites (les tiennes / les tiens / le tien).

بنك المفردات

anniversaire	عيد ميلاد	mascara	طلاء الرموش
arroser	سقى	modifier	عدّلَ / غيّرَ
bijoux	مجوهرات	ordinateur	حاسوب
bureau	مكتب	plante	نبتة
comprendre	فهمَ	planter	زرعَ
découvrir	اكتشفَ	poser	وضعَ
école	مدرسة	poupée	دمية
étui	بيت نظّارات	préférer	فضّلَ
fleur	زهرة	réparer	أصلحَ
lunettes	نظّارات	réservation	حجز
maison	بيت		

Épatant! مذهل!
ها أنتم قد انتهيتم من حلّ تمارين الفصل العاشر.
حان الآن الوقت لجمع الرموز وتدوين عددها في الصفحة ١٢٨ للتقييم النهائي.

صفات وضمائر الإشارة

صفات الإشارة

تُستعمل ضمائر الإشارة للدلالة بدقّة على شخص أو على شيء وهي تطابق نوع وعدد المشار إليه.

صفة الإشارة للمذكّر المفرد الذي يبدأ بـ consonne **حرف ساكن**	ce ← **هذا** ce cahier **هذا الدفتر**
صفة الإشارة للمذكّر المفرد الذي يبدأ بـ voyelle **حرف علّة** أو بحرف h صامت	cet **هذا** cet exercice ← **هذا التمرين** cet hôtel ← **هذا الفندق**
صفة الإشارة للمؤنّث المفرد	cette **هذه** ← cette femme **هذه المرأة**
صفة الإشارة للمؤنّث وللمذكّر المثنّى والجمع	ces **هؤلاء / هاتان – هذان** ces deux hommes ← **هذان الرجلان** ces hommes ← **هؤلاء الرجال** ces deux femmes ← **هاتان المرأتان** ces femmes ← **هؤلاء النساء**

❶ املأ الفراغ بصفة الإشارة المناسبة.

a. .... cuisinier travaille dans un grand hôtel.

b. .... arbre est un cèdre.

c. .... fruits sont mûrs.

d. .... table est ronde.

e. .... temps est magnifique !

f. .... soirée est agréable.

صفات وضمائر الإشارة

٢ أعد كتابة الجمل التالية مستبدلاً أداة التعريف بصفة
الإشارة المناسبة.

a. La voiture est mal garée.
➔ ....

b. Le bus dessert la gare.
➔ ....

c. L'école est fermée.
➔ ....

d. L'oiseau fait son nid.
➔ ....

e. Les danseuses présentent un joli ballet.
➔ ....

f. Les peintres sont talentueux.
➔ ....

٣ حوّل الجمل التالية من الجمع إلى المفرد.

a. Ces hôtels sont luxueux.
➔ ....

b. Ces trains sont en panne.
➔ ....

c. Ces élèves sont studieux.
➔ ....

d. Ces enfants sont turbulents.
➔ ....

e. Ces chansons sont mélancoliques.
➔ ....

f. Ces escaliers sont dangereux.
➔ ....

صفات وضمائر الإشارة

4 حوّل الجمل التالية من المذكّر إلى المؤنّث أو العكس بحسب الحالة.

a. Cette écolière a de bonnes notes.
→ ....

b. Cette infirmière travaille à l'hôpital.
→ ....

c. Ce directeur est respecté.
→ ....

d. Cette institutrice explique une règle de grammaire.
→ ....

e. Cet employé est ponctuel.
→ ....

f. Ce chanteur est célèbre.
→ ....

5 ترجم إلى العربيّة جمل التمرين السابق (من دون ترجمة الحلول)

a. ....
b. ....
c. ....
d. ....
e. ....
f. ....

صفات وضمائر الإشارة

٦ صحّح الأخطاء الواردة في الجمل التالية.

a. Cette plantes sont magnifiques ! → ....
b. Ces poupée est à Carla. → ....
c. Ce chaleur est insupportable ! → ....
d. Cette lunettes sont cassées. → ....
e. Cette exercice est difficile. → ....
f. Cet étagère est haute. → ....

بنك المفردات

agréable	ممتع-ة	insupportable	لا يُحتمل
ballet	باليه	luxueux	فخم / فخام
bus	باص	mal garé	مركون بطريقة خاطئة
cèdre	أرزة	mélancolique	شجيّ-ة
chanson	أغنية	mûr	ناضج
dangereux	خطِر / خطرون	nid	عشّ
de bonnes notes	علامات جيّدة	ponctuel	دقيق في مواعيده
desservir	أوصلَ إلى	règle de grammaire	قاعدة نحو
écolier - écolière	تلميذ-ة	respecté	محترَم
en panne	معطّل	soirée	سهرة
		studieux	مجتهد / مجتهدون
		talentueux	موهوب / موهوبون
		temps	طقس / وقت
		turbulent	مشاكس

صفات وضمائر الإشارة

ضمائر الإشارة

يحلّ ضمير الإشارة مكان ما نريد الدلالة عليه لتفادي عمليّة التكرار. فعلى عكس العربيّة التي لا يؤثّر فيها التكرار على الجمال الإنشائيّ، فإنّ اللغة الفرنسيّة لا تحبّ التكرار في الجملة وتعتبره أسلوباً يُضعف النصّ! من بين ضمائر الإشارة نذكر (لائحة غير حصريّة):

celui → Mon fils s'appelle Cédric et **celui** de ma sœur s'appelle Joseph. **ابني اسمه سيدريك وابن أختي اسمه جوزيف.** celui-ci (للقريب) celui-là (للبعيد) → J'achète ces deux pantalons : **celui-ci** pour mon mari et **celui-là** pour mon frère. أشتري هذين السروالين: **هذا** لزوجي و**ذاك** لأخي.	ضمير الإشارة للمذكّر المفرد
ceux → J'aime les gâteaux surtout **ceux** de ma grand-mère! **أحبّ الحلويات خاصّة حلويات جدّتي!** ceux-ci (للقريب) ceux-là (للبعيد) → Nos employés sont tous présents à la réunion : **ceux-ci** travaillent à la comptabilité et **ceux-là** aux ressources humaines. موظّفونا كلّهم حاضرون في الاجتماع: **هؤلاء** يعملون في المحاسبة و**أولئك** في الموارد البشريّة.	ضمير الإشارة للمذكّر المثنّى أو الجمع
celle → La jupe de Lili me plaît et **celle** de Rose aussi. تعجبني تنّورة ليلي وتنّورة روز أيضاً. celle-ci (للقريب) celle-là (للبعيد) → Je connais ces deux dames : **celle-ci** est ma voisine et **celle-là** ma collègue. أعرف هاتين السيّدتين: **هذه** جارتي و**تلك** زميلتي.	ضمير الإشارة للمؤنّث المفرد

صفات وضمائر الإشارة

celles ➡ Je me souviens de tes paroles et de **celles** de Lucas. **أتذكّر كلماتك وكلمات لوقا.** celles-ci (للقريب) celles-là (للبعيد). ➡ Ces étudiantes sont studieuses : **celles-ci** révisent leurs leçons et **celles-là** préparent le devoir de français. **هؤلاء الطالبات مجتهدات: هؤلاء يراجعن دروسهنّ وأولئك يحضّرن فرض اللغة الفرنسيّة.**	ضمير الإشارة للمؤنّث المثنّى أو الجمع

❼ اشطب الأجوبة غير الصحيحة من بين الاقتراحات الموجودة بين قوسين.

a. Ce livre est de Zola et (**celui-ci** / **celle-ci** / **ceux-ci**) est de Proust.

b. Ce collier est en or et (**ceux-ci** / **celui-là** / **celle-là**) est en argent.

c. Tu invites tes amies et (**celui** / **celle** / **celles**) de ta femme.

d. Notre chambre est vaste et (**celles** / **celle** / **celle-ci**) de nos cousins est minuscule !

e. Ces vers sont de Rimbaud et (**celles-ci** / **ceux** / **ceux-ci**) sont de Verlaine.

f. Ces fleurs sont des violettes et (**celle-là** / **celles-ci** / **ceux-ci**) sont des narcisses.

صفات وضمائر الإشارة

٨ حوّل الجمل التالية من المفرد إلى الجمع.

a. Ce tableau est de Monet et celui-ci est de Renoir.
→ ....

b. Ce vin est de Bordeaux et celui-ci est de Bourgogne.
→ ....

c. Elle range son livre et celui de sa sœur.
→ ....

d. Cette assiette est en porcelaine et celle-ci est en verre.
→ ....

e. Cette chaussette est verte et celle-là est bleue !
→ ....

f. Cette fille est ma sœur et celle-ci est la sœur de Michel.
→ ....

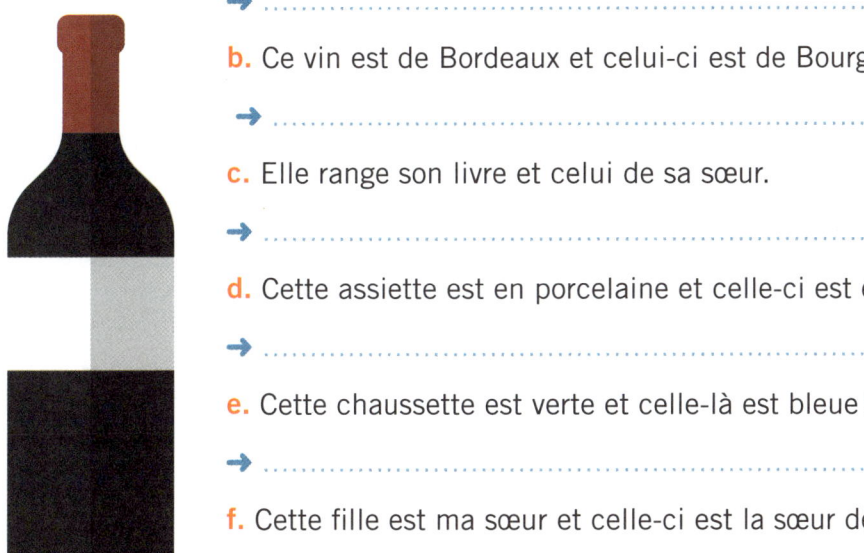

٩ املأ الفراغ بصفة الإشارة أو باسم الإشارة المناسب.

a. .... gâteau est au chocolat et .... est aux fruits rouges.
b. .... boîte est vide et .... est pleine.
c. .... bijoux sont à ma mère et .... sont à ma tante.
d. .... chapeau est en paille et .... est en tissu.
e. .... enfant pleure sans cesse et .... est toujours souriant.
f. Ta tisane est amère et .... de Norma est sucrée.

صفات وضمائر الإشارة

١٠ حوّل الجمل التالية من الجمع إلى المفرد.

a. Ces filles jouent à la poupée et celles-là sautent à la corde.
→ ....

b. Ces invités chantent et ceux-ci dansent.
→ ....

c. Ces théâtres sont grands et ceux-là sont petits.
→ ....

d. Ces dames sont élégantes et celles-ci sont mal habillées.
→ ....

e. Ces arbres sont des pommiers et ceux-ci sont des oliviers.
→ ....

f. Ces hommes sont courageux et ceux-là sont lâches.
→ ....

١١ املأ الفراغ بإحدى ضمائر الإشارة التالية:
celui, ceux, celle, celles

a. Mon fils est blond et .... de mon frère est brun.

b. Les notes de Benjamin sont bonnes mais .... de Georges sont mauvaises.

c. Ces clés sont .... de mon appartement.

d. Ces journaux sont .... de votre grand-père.

e. La vendeuse de la boulangerie est aimable et .... du magasin de chaussures est antipathique.

f. Le mari de Clémence est pédiatre et .... de Marie est dentiste.

صفات وضمائر الإشارة

بنك المفردات

aimable	لطيف-ة	en tissu	من قماش
antipathique	منفّر-ة	lâche	جبان-ة
argent	فضّة / مال	magasin de chaussures	محلّ أحذية
blond	أشقر	mais	لكن
boulangerie	مخبز	mal habillé	غير أنيق اللباس
brun	أسمر	mauvais	سيّء / سيّئون
collier	عقد	minuscule	صغيرة-ة جدّاً
corde	حبل	narcisse	زهرة النرجس
courageux	شجاع / شجعان	notes	علامات
élégant	أنيق	olivier	شجرة زيتون
en paille	من قشّ	or	ذهب
		pédiatre	طبيب-ة أطفال
		pommier	شجرة تفّاح
		porcelaine	خزف
		sans cesse	بدون توقّف
		souriant	مبتسم
		vaste	واسع-ة
		verre	زجاج
		vers	بيت شعريّ / أبيات شعريّة
		violette	زهرة البنفسج / بنفسجيّة اللون

Chouette! رائع!

ها أنتم قد انتهيتم من حلّ تمارين الفصل الحادي عشر. حان الآن الوقت لجمع الرموز وتدوين عددها في الصفحة ١٢٨ للتقييم النهائي.

١٢
بعض حروف الجرّ الأكثر استعمالاً

بعض حروف الجرّ

سنتناول في هذا الفصل بعض حروف الجرّ من بين الأكثر استعمالاً. تختلف الترجمة العربيّة لحروف الجرّ الفرنسيّة من جملة إلى أخرى بحسب محور النصّ.

la préposition حرف الجرّ	sa signification (liste non exhaustive) دلالته (لائحة غير حصريّة)	exemples أمثلة
à	الوجود في مكان ما	Nous habitons **à** Paris. نحن نسكن **في** باريس.
	الوصول إلى مكان ما	Il arrive **à** la maison. هو يصل **إلى** المنزل.
	الوقت	Elles ont rendez-vous **à** dix heures. عندهنّ موعد **في** الساعة العاشرة.
	الثمن	Je vends ma voiture **à** mille euros. أبيع سيّارتي **بـ**ألف يورو.
	المكوّنات	Une glace **à** la fraise. بوظة **بـ**الفراولة.
	الملكيّة	Ce livre est **à** Marina. هذا الكتاب **لـ**مارينا.
	التواصل مع شخص، التفكير بشخص أو بشيء إلخ.	Tu penses **à** elle. أنتَ تفكّر **بـ**ها.
	الوجهة	Je vais **à** droite. أذهب **إلى** اليمين.

بعض حروف الجرّ الأكثر استعمالاً

de	الملكيّة	Le chat **de** ma grand-mère est gris. **هرّ جدّتي رماديّ.**
	المصدر	Je viens **de** Paris. **أنا آتٍ من باريس.**
	البداية الزمنيّة وفي هذه الحالة يُرفق بحرف الجرّ à للدلالة على وقت انتهاء الحدث.	J'ai rendez-vous **de** huit heures **à** dix heures. **عندي موعد من الساعة الثامنة حتّى الساعة العاشرة.**

انتبهوا إلى عدم الخلط بين حرف الجرّ à الذي يحمل accent grave **علامة نبر الإطالة** و a أيّ **فعل الملك** avoir المُصرَّف في الغائب المفرد، مثلاً: .Elle **a** un frère **عندها أخ.**

← لا يجوز استعمال حرف الجرّ à أمام أدوات التعريف le و les بل ندمج بين حرف الجرّ وأداة التعريف في هاتين الحالتين فنحصل على ما يلي:
- à + le ← au، مثلاً: .Nous mangeons **au** restaurant (وليس à le restaurant) **نأكل في المطعم.**
- à + les ← aux، مثلاً: .Il présente sa fiancée **aux** invités (وليس à les invités) **يقدّم خطيبته إلى المدعوّين.**

← لا يجوز استعمال حرف الجرّ de أمام أدوات التعريف le و les بل ندمج بين حرف الجرّ وأداة التعريف في هاتين الحالتين فنحصل على ما يلي:
- à + de ← du، مثلاً: .Ils sont **du** Sud (وليس de le Sud) **هم من الجنوب.**
- à + des ← des، مثلاً: .Il arrive **des** Émirats (وليس de les Émirats) **هو يصل من الإمارات.**

١ املأ الفراغ بحرف الجرّ à أو بفعل الملك a بحسب الحالة.

a. Valentine ...... faim.
b. Clément ...... peur.
c. Je parle ...... ma collègue.
d. Nous regardons un film ...... la télévision.
e. Ma mère ...... un beau manteau.
f. Mon fils aime les gâteaux ...... la crème.

بعض حروف الجرّ الأكثر استعمالاً

٢ املأ الفراغ بحرف الجرّ المناسب من بين ما يلي:

à   au   aux   de   du   des

a. Carine parle .... son problème .... son amie.

b. Ma tarte préférée est la tarte .... fraises.

c. Le cahier .... cet élève est déchiré !

d. Le menu .... restaurant est varié.

e. Cette mode vient .... États-Unis.

f. Nous allons .... théâtre ce soir.

٣ صحّح الأخطاء الواردة في الجمل التالية.

a. Joseph et Antoine vont à le cinéma.

➜ ....

b. Notre famille est invitée à le mariage de Clémence.

➜ ....

c. Il travaille de le matin au soir.

➜ ....

d. Je suis à le bureau maintenant.

➜ ....

e. Tu offres un luxueux cadeau à les jeunes mariés.

➜ ....

f. Le « duo de les fleurs » est un air d'opéra célèbre.

➜ ....

بعض حروف الجرّ الأكثر استعمالاً

la préposition حرف الجرّ	son emploi (liste non exhaustive) استعماله (لائحة غير حصريّة)	exemples أمثلة
en	مع أسماء الشهور	Le directeur travaille en août. المدير يعمل في آب.
	مع الفصول باستثناء le printemps الربيع الذي نستعمل معه حرف الجرّ au (= à + le)	Les feuilles des arbres tombent en automne. تتساقط أوراق الأشجار في الخريف.
	مع السنين	Il est né en 1980. ولد في ١٩٨٠.
	مع أسماء البلدان المؤنثة أو التي تبدأ بحرف صائت (مع أسماء البلدان المذكّرة نستعمل حرف الجرّ au (= à + le)	Nous habitons en France. نسكن في فرنسا.
	مع وسائل النقل باستثناء le vélo الدرّاجة التي نستعمل معها حرف الجرّ à فنقول à vélo بالدرّاجة	Vous voyagez en train. تسافرون بالقطار.
dans	للدلالة على الوجود في مكان ما أو الدخول إلى مكان ما	La table est dans la cuisine. الطاولة في المطبخ. Elle rentre dans sa chambre. هي تدخل إلى غرفتها.
	للدلالة على الزمان	Il revient dans deux jours. يعود بعد يومين.

بعض حروف الجرّ الأكثر استعمالاً

أشهر السنة في الفرنسيّة

janvier	كانون الثّاني / يناير	juillet	تمّوز / يوليو
février	شباط / فبراير	août	آب / أغسطس
mars	آذار / مارس	septembre	أيلول / سبتمبر
avril	نيسان / أبريل	octobre	تشرين الأوّل / أكتوبر
mai	أيّار / مايو	novembre	تشرين الثّاني / نوفمبر
juin	حزيران / يونيو	décembre	كانون الأوّل / ديسمبر

لا نضع كتابيّاً حرف كبير في أوّل أسماء أشهر السنة إلّا إذا كانت تقع في أوّل الجملة. مثلاً:
Nous voyageons en septembre. نسافر في أيلول.
Septembre marque le début de l'automne. أيلول يحدّد بداية الخريف.

le printemps	الربيع
l'été	الصيف
l'automne	الخريف
l'hiver	الشتاء

٤ املأ الفراغ بحرف الجرّ en أو dans بحسب الحالة.

a. Les examens sont .... un mois.

b. Son anniversaire est .... avril.

c. Ils voyagent .... Égypte.

d. La neige tombe .... hiver.

e. Le grand canapé est .... le salon.

f. Les chocolats sont .... la boîte verte.

٨٢

بعض حروف الجرّ الأكثر استعمالاً

٥ ابحث عن ترجمة أسماء الأشهر في الجدول، اشطبها وستساعدك الحروف المتبقية على إيجاد الكلمة السرّيّة! انتبه: يمكن أن تكون بعض الأحرف مشتركة بين كلمتين أو أكثر في الجدول.

نيسان، تمّوز، آذار، حزيران، شباط، تشرين الأوّل، أيّار.

	S	J	E	P	F		
A	J	U	I	N	E	T	
V	E	I		M	V		
R	M	L	M	A	R	S	
I	A	L	B		I	R	
L	I	E			E	E	
O	C	T	O	B	R	E	

الكلمة السرّيّة هي:
....

٦ صحّح ما تحته خطّ. احذر من الفخّ!

a. Les oiseaux chantent en printemps. → ....

b. Je vais au travail en vélo. → ....

c. L'été commence dans juin. → ....

d. À la France, la fête des Mères est en Mai. → ....

e. Les livres sont en la bibliothèque. → ....

f. Ma famille vit en Liban. → ....

بعض حروف الجرّ الأكثر استعمالاً

7 دوّن بالفرنسيّة تحت كلّ صورة اسم الفصل الذي ترمز إليه.

a. .... b. .... c. ....

d. .... e. .... f. ....

la préposition حرف الجرّ	sa signification (liste non exhaustive) معناه (لائحة غير حصريّة)	exemples أمثلة
chez	عندَ	Nous sommes **chez** ma grand-mère. **نحن عندَ جدّتي.**
avec	مع	Elle dîne **avec** son mari. **هي تتناول العشاء مع زوجها.**
	بِـ	J'écris **avec** un stylo. **أكتب بِقلم حبر.**
sans	بدون	Un café **sans** sucre s'il vous plaît ! **قهوة بدون سكّر لو سمحت!**

٨٤

بعض حروف الجرّ الأكثر استعمالاً

٨ ترجم الجمل التالية إلى العربيّة.

a. Il arrive dans une semaine. → ....
b. Mélodie joue avec son frère. → ....
c. La voiture est dans le garage. → ....
d. Il va chez le médecin. → ....
e. Nous travaillons en Belgique. → ....
f. Vous allez à la plage. → ....

٩ ترجم الجمل التالية إلى الفرنسيّة.

a. ليلى تسافر بالطائرة إلى باريس.
← ....

b. تذهب جدّتي إلى السوق.
← ....

c. الربيع يبدأ في آذار.
← ....

d. حسائي بدون ملح!
← ....

e. نحن نأكل في المطعم.
← ....

f. أخي ينام في غرفته.
← ....

بعض حروف الجرّ الأكثر استعمالاً

١٠ أكمل الجمل بحرف الجرّ المناسب من بين ما يلي:

à   de   avec   sans   dans   en   chez

a. Il y a des pommiers .... notre jardin.

b. Ce plat est .... gluten.

c. Elle va .... l'école .... bus.

d. Je nettoie la table .... un chiffon.

e. La soirée est .... Camille.

f. François est marseillais : il est .... Marseille.

بنك المفردات

air	لحن / هواء	gluten	جلوتين	mois	شهر / أشهر
avion	طائرة	Il y a	يوجد	neige	ثلج
Belgique	بلجيكا	jeunes mariés	عروسان	opéra	أوبرا
chiffon	خرقة قماش	maintenant	الآن	plage	شاطئ البحر
collègue	زميل-ة	marché	سوق	préféré	مفضّل
commencer	بدأ	mariage	حفل زفاف	salon	غرفة استقبال
crème	قشدة / مرهم	Marseille	مرسيليا	semaine	أسبوع
déchiré	ممزّق	matin	صباح	tarte	كعكة
duo	ثنائي	menu	لائحة أطباق	varié	متنوّع
Égypte	مصر	mode	موضة	vivre	عاشَ
États-Unis	الولايات المتّحدة				

Merveilleux ! رائع!
ها أنتم قد انتهيتم من حلّ تمارين الفصل الثاني عشر.
حان الآن الوقت لجمع الرموز وتدوين عددها في الصفحة ١٢٨ للتقييم النهائي.

المستقبل البسيط والمستقبل القريب

المستقبل البسيط

إنّ المستقبل البسيط هو زمن من أزمنة الصيغة الدلاليّة، يُستعمل بشكل أساسيّ للتعبير عن حدث سيقع بعد حين، مثلاً: Nous déjeunerons avec nos collègues demain.
سنتناول الغداء مع زملائنا غداً.

عادةً، لصياغة هذا الزمن مع الأفعال السالمة، يكفي أن نزيد على مصدر الفعل النهاية التابعة لكلّ ضمير على النحو التالي:

pronom sujet الضمير الفاعل	terminaison du verbe au futur simple نهاية الفعل في المستقبل البسيط	exemple : verbe habiter مثلاً: فعل سكنَ
je أنا	-ai	J'habiterai سأسكن
tu أنتَ - أنتِ	-as	Tu habiteras ستسكن - ستسكنين
il هو - elle هي	-a	il habitera سيسكن elle habitera ستسكن
nous نحن	-ons	nous habiterons سنسكن
vous أنتما / أنتم - أنتنَّ	-ez	Vous habiterez ستسكنان / ستسكنون - ستسكنَّ
ils هما / هم elles هما / هنَّ	-ont	ils habiteront سيسكنان / سيسكنون elles habiteront ستسكنان / سيسكنَّ

المستقبل البسيط والمستقبل القريب

❶ صرّف الأفعال الموضوعة بين قوسين في المستقبل البسيط.

a. Ils (discuter) .... du projet bientôt.

b. Elle (chanter) .... à leur mariage.

c. Je (finir) .... ce travail la semaine prochaine.

d. Elles (parler) .... de ce problème à leur avocat.

e. Tu (visiter) .... le musée du Louvre pendant ton séjour à Paris.

f. Antoine (danser) .... avec Christelle à la fête du village.

إنّ الأفعال المنتهية بـ: -eler أو -eter يُضاعف فيها حرف l أو t عند تصريفها في المستقبل البسيط. مثلاً:
jeter رمى / je jetterai سأرمي ← appeler نادى / j'appellerai سأنادي
أو يتحوّل فيها حرف e إلى è، مثلاً: acheter اشترى ← j'achèterai سأشتري
في بعض الأفعال، نضع علامة نبر الإطالة على حرف e الموجود في مصدرها عند تصريفها في المستقبل البسيط، مثلاً: emmener رافقَ / اصطحبَ ← j'emmènerai سأرافق / سأصطحب

---

❷ أعد كتابة كلّ من الجمل التالية بعد اختيار الفعل المصرّف بالطريقة الصحيحة من بين الاقتراحات الموجودة بين قوسين.

a. Paul et Virginie (**arrivera** / **arriverai** / **arriveront**) demain à Nice.
➡ ....

b. Vous (**peserez** / **pèserez** / **pèseras**) la valise.
➡ ....

c. Juliette (**élèvera** / **élevera** / **élèvrai**) seule ses enfants.
➡ ....

d. Nous (**rappellerons** / **rappelerons** / **rappelleront**) nos amis ce soir.
➡ ....

e. Thomas (**achettera** / **achètera** / **achetera**) une nouvelle voiture.
➡ ....

f. Je (**congèllerai** / **congelerai** / **congèlerai**) la tarte aux pommes.
➡ ....

المستقبل البسيط والمستقبل القريب

٣ أكمل الجمل التالية بالفعل المناسب من بين الأفعال التالية:

travailleront   renouvelleras   mettra   assisterai   aidera   mûriront

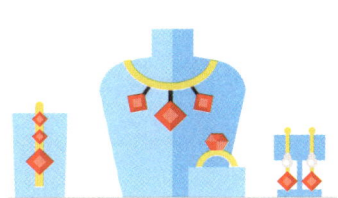

a. J'........................ demain à une pièce de théâtre.
b. Sa mère .... ses bijoux dans le coffre.
c. Tu .... ton abonnement au club de sport.
d. Ces beaux fruits .... en été.
e. Ils .... dans la même entreprise.
f. Camille .... son frère à ranger sa chambre.

٤ ترجم جمل التمرين السابق إلى العربيّة.

a. ....
b. ....
c. ....
d. ....
e. ....
f. ....

٥ أكمل الجدول التالي بالفعل أو بالضمير الناقص.

	apporterai
tu	
il	
	apportera

nous	
vous	
	apporteront
elles	

المستقبّل البسيط والمستقبّل القريب

مع الأفعال المنتهية بـ: yer-، نحوّل حرف y الوارد في نهايتها إلى i عندما نصرّفها في المستقبل البسيط، مثلاً: nettoyer: **نَظّفَ** ← je nettoierai **سأُنظّف**

ومع الأفعال المنتهية بـ: ayer-، يجوز الوجهان أيّ يمكننا تحويل حرف y الوارد في نهايتها إلى i عند تصريفها في المستقبل البسيط أو إبقائه على حاله، مثلاً: payer: **دفعَ** ← je paierai / je payerai **سأدفع**

إنّ بعض الأفعال تُصرّف بطريقة شاذّة أيّ أنّه لا يكفي فقط أن نزيد نهائيّات المستقبل البسيط إلى مصدرها عند تصريفها في هذا الزمن، مثلاً: aller **ذهبَ** ← j'irai **سأذهب** (وليس j'allerai).

6 اكتب تحت الجدول كلّ من الأفعال الشاذّة التالية المصرّفة بالمستقبل البسيط مع المصدر والترجمة المناسبين.

a.	nous pourrons	tenir	ستعرف - ستعرفين
b.	tu sauras	voir	ستفعلان / ستفعلون / ستفعلنَ
c.	vous ferez	venir	سنستطيع
d.	ils tiendront	savoir	سأرى
e.	je verrai	faire	ستأتي
f.	elle viendra	pouvoir	سيمسكان / سيمسكون

a. .... / .... / ....
b. .... / .... / ....
c. .... / .... / ....
d. .... / .... / ....
e. .... / .... / ....
f. .... / .... / ....

المستقبل البسيط والمستقبل القريب

٧ املأ الفراغ بالضمير المناسب لكلّ من الأفعال التالية التابعة للفعلين الشاذّين être و avoir في المستقبل البسيط.

a. .... serai / .... aurai   d. .... sera / .... aura

b. .... serons / .... aurons   e. .... seront / .... auront

c. .... seras / .... auras   f. .... serez / .... aurez

المستقبل القريب

يدلّ المستقبل القريب على حدث على وشك أن يحصل، على عمل سنقوم به فوراً، على مشروع أو حدث متوقّع حصوله في فترة قريبة.
نبني المستقبل القريب باستعمال فعل aller المُصرّف في المضارع (الحاضر) من الحالة الدلاليّة مع مصدر الفعل الدالّ على العمل أو الحدث الذي سيحصل قريباً. مثلاً: Je vais travailler demain. سأعمل غداً.

٨ أعد كتابة الجمل التالية مُستعمِلاً المستقبل القريب بدلاً من المستقبل البسيط.

a. Tu réussiras ton projet. ➜ ....

b. Elle préparera le dîner. ➜ ....

c. Ils assisteront à une pièce de théâtre.

➜ ....

d. Je voyagerai en France. ➜ ....

e. Nous apporterons le dessert.

➜ ....

f. Vous partirez après le déjeuner.

➜ ....

المستقبل البسيط والمستقبل القريب

٩ صرِّف الأفعال الموجودة بين قوسين في المستقبل القريب.

a. Tu (envoyer) .... une carte postale à tes cousins.

b. Les cerises (moisir) .... dans le frigo.

c. Nous (marcher) .... sur la plage.

d. Cette discussion (aboutir) .... à une dispute.

e. Les enfants (jouer) .... dans le jardin.

f. Je (concrétiser) .... ce projet bientôt.

بنك المفردات

après	بعد	pendant	أثناء
assister à	حضرَ / شاهدَ (عرضاً)	pièce de théâtre	مسرحيّة
carte postale	بطاقة بريديّة	projet	مشروع
club de sport	نادٍ رياضيّ	séjour	إقامة
coffre	صندوق / خزنة	seul	وحيد / لوحده
concrétiser	نفّذَ / أنجزَ	village	قرية
discussion	حوار / نقاش		
dispute	شجار / خصام		
ferme	مزرعة		
frigo	ثلّاجة		
même	نفس/ذات		
mettre	وضعَ		
musée du Louvre	متحف اللوفر		

Sensationnel! مدهش!
ها أنتم قد انتهيتم من حلّ تمارين الفصل الثالث عشر.
حان الآن الوقت لجمع الرموز وتدوين عددها في
الصفحة ١٢٨ للتقييم النهائي.

حروف العطف

إنّ دور حرف العطف هو الربط بين كلمتين أو جملتين. هناك سبعة حروف عطف في الفرنسيّة:

la conjonction de coordination حرف العطف	sa signification معناه	exemples أمثلة
mais / لكن / ولكن لكنّ / ولكنّ	حرف عطف يدلّ على التناقض أو الاختلاف.	Cet appartement est beau, mais il est cher. إنّ هذه الشقّة جميلة ولكنَّها غالية الثمن.
ou / أو / أم	حرف عطف يعرض الاختيار بين اقتراحين.	Tu préfères les pommes ou les cerises ? أتفضّل - أتفضّلين التفّاح أم الكرز؟
et / و	حرف عطف يربط بين كلمتين أو جملتين.	Antoine et Clément sont médecins. أنطوان وكليمان طبيبان.
donc / إذاً / إذن	حرف عطف يدلّ على نتيجة.	J'ai soif donc je vais boire un verre d'eau. أنا عطشان - عطشى إذاً سأشرب كأس ماء.
or / إلّا أنّ	حرف عطف يعبّر عن تناقض على غرار mais.	J'explique le problème à l'avocat, or il refuse de comprendre ! أنا أشرح المشكلة للمحامي، إلّا أنّه يرفض أن يفهم!
ni / لا / ولا	حرف عطف يُستعمل في الجملة المنفيّة أو في الجملة المثبتة مع حرف الجرّ sans بدون.	Il suit un régime sans sel ni sucre. يتبع نظام حمية بدون ملح ولا سكّر.
car / لأنّ	حرف عطف يعلّل السبب.	Elle est absente aujourd'hui car elle est malade. هي غائبة اليوم لأنّها مريضة.

حروف العطف

إنّ حرف العطف ni يُستعمل عادة في الجملة المنفيّة، مثلاً:
Je n'aime ni les champignons ni les asperges. لا أحبّ (لا) الفطر ولا الهليون.
وفي الجملة المنفيّة، في بعض الحالات، نستعمل ni مرّتين كما في مثلنا.
ويجوز أيضاً استعمال ni في الجملة المثبتة مع كلمة « sans » **بدون**، مثلاً:
Elle vit seule sans mari ni enfant. تعيش بمفردها بدون زوج ولا ولد.

عندما نقوم بتعداد كلمات في الجملة، نضع بينها فاصلة ونربط بين آخر كلمتين من التعداد بحرف العطف et **و**. مثلاً:
Je lave les assiettes, les cuillers, les fourchettes, les couteaux **et** les verres sales
أغسل الصحون، الملاعق، الشوك، السكاكين والكؤوس الوسخة.

انتبهوا إلى عدم الخلط بين:
- فعل الكيان être المصرّف بالمضارع من الحالة الدلاليّة في الغائب المفرد est وحرف العطف et، مثلاً: .Georges est bon et gentil **جورج طيّب ولطيف.**
- الاسم الموصول أو أداة الاستفهام où اللذين يدلّان عادةً على المكان ويُكتبان مع علامة نبر الإطالة، وحرف العطف ou الذي يُكتب بدونها، مثلاً:
Où habite ton fils, à Paris ou à Lyon ? **أين يسكن ابنك، في باريس أم في ليون؟**
La ville où j'habite est jolie. **إنّ المدينة التي أعيش فيها جميلة.**

❶ املأ الفراغ بحرف العطف mais أو ni.

a. Elle ne parle .... le français .... l'anglais.

b. Il lit l'arabe .... pas le français.

c. Thomas aime le poulet .... il déteste la viande.

d. Je suis en congé aujourd'hui .... je travaille demain.

e. Nous ne buvons .... thé .... café.

f. Les cheveux de Paloma sont blonds .... ceux de sa sœur sont bruns.

حروف العطف

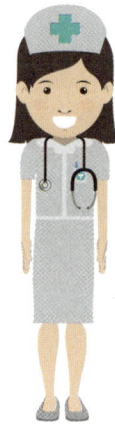

٢ املأ الفراغ بفعل الكيان est أو بحرف العطف et.

a. Christophe .... grand .... musclé.
b. Carole .... infirmière .... travaille à l'hôpital.
c. Le chapeau de ma mère .... vert.
d. Cette robe .... en soie .... son prix .... élevé.
e. Le directeur .... en réunion avec le client .... son comptable.
f. Amélie, Gilbert .... Noémie sont amis.

٣ املأ الفراغ بأداة الاستفهام أو الاسم الموصول où أو بحرف العطف ou.

a. .... habites-tu ?
b. Le tiroir .... je range mes bijoux est fermé à clé.
c. Je vais inviter ma tante .... mon oncle.
d. Pour le dessert nous pouvons choisir : la tarte aux pommes .... la tarte au chocolat.
e. Vous voulez du thé .... une tisane ?
f. Je sais .... tu caches l'argent !

٤ املأ الفراغ بحرف العطف donc أو or.

a. Chantal est malade .... elle sera absente du bureau aujourd'hui.
b. J'ai faim .... je mange un sandwich au poulet.
c. Il voyage cet après-midi, ... il doit assister à la réunion !
d. Ils ne révisent pas, ... leur examen de français est demain !
e. Sophie et Madeleine sont énervées .... elles se disputent.
f. Elle n'a pas d'argent, ... elle veut acheter cette robe en soie !

حروف العطف

٥ املأ الفراغ بحرف العطف mais أو car.

a. Cette soupe est bonne ………… elle est très chaude.

b. J'envoie une carte postale du musée du Louvre à mon amie …………
elle aime beaucoup les beaux tableaux.

c. Cette fille est jolie ………… elle est orgueilleuse.

d. Nous préparons le dîner ………… les invités vont bientôt arriver.

e. Ma mère est française ………… mon père est libanais.

f. Vous révisez ………… vous avez un examen.

٦ اربط كلّ من جمل التمرين السابق بالترجمة المناسبة.

1. أرسل بطاقة بريديّة عن متحف اللوفر إلى صديقتي لأنّها تحبّ اللوحات الجميلة. …………

2. نحن نحضّر العشاء لأنّ المدعوّين سيصلون بعد قليل. …………

3. أنتم تذاكرون لأنّ لديكم امتحان. …………

4. أمّي فرنسيّة ولكنّ أبي لبنانيّ. …………

5. هذه الفتاة جميلة ولكنّها متكبّرة. …………

6. هذا الحساء لذيذ ولكنّه ساخن جدّاً. …………

٧ املأ الفراغ بحرف العطف donc أو et.

a. Il révise ………… il va réussir à l'examen.

b. Je vais acheter les fruits ………… les légumes.

c. L'avion va atterrir ………… les passagers attachent leurs ceintures.

d. Cette fille est belle ………… intelligente.

e. Ce café est sans sucre ………… il est amer.

f. À la fête de l'école, nous allons chanter ………… danser.

٩٦

حروف العطف

٨ ترجم جمل التمرين السابق إلى العربيّة.

a. ....
b. ....
c. ....
d. ....
e. ....
f. ....

٩ أكمل الجمل التالية بحرف العطف المناسب.

a. La formule comprend : entrée .... plat .... plat .... dessert.

b. Je vais à l'aéroport .... mes parents arrivent aujourd'hui de Paris.

c. Cette chambre est petite .... propre.

d. Je repasse mes chemises, mes robes .... mes jupes.

e. Il y a de la neige à la montagne, ... nous sommes en automne !

f. C'est le mois d'août, ... nous sommes en été.

١٠ اجمع كلّ جزء من الجمل التالية بجزئه الثاني الصحيح وأعد كتابة الجمل بأكملها تحت الجدول.

a. Il mange de la viande •   • 1. et difficile !

b. Son visage est rouge •   • 2. or il est neuf !

c. Cette leçon est longue •   • 3. en avion ou en train ?

d. L'ordinateur est en panne, •   • 4. mais il préfère le poulet.

e. Vous préférez voyager •   • 5. donc son directeur est content.

f. Cet employé travaille bien •   • 6. car elle est en colère.

حروف العطف

a. ....
b. ....
c. ....
d. ....
e. ....
f. ....

بنك المفردات

après-midi	بعد الظهر	entrée	مقبّلات / مدخل
attacher	ربطَ	grand	طويل القامة
cacher	خبّأ	légumes	خضار
ceinture	حزام	musclé	متجسّم / ذو عضلات
comprendre	فهمَ / تضمّنَ	ne ... pas	لا / لم / لن / ليس
détester	كرهَ	neuf	جديد
élevé	مرتفع	orgueilleux	متكبّر / متكبّرون
en congé	في عطلة	pas	ليسَ / لا / لم / خطوة / خطوات
en soie	من حرير	passager	راكب
énervé	متوتّر / غضبان	poulet	دجاج
		prix	سعر / أسعار
		réviser	ذاكرَ
		sandwich	ساندويش
		se disputer	تخاصمَ / تشاجرَ
		tiroir	درج/جارور

Admirable! رائع!
ها أنتم قد انتهيتم من حلّ تمارين الفصل الرابع عشر. حان الآن الوقت لجمع الرموز وتدوين عددها في الصفحة ١٢٨ للتقييم النهائي.

٩٨

١٥ الأعداد الطبيعيّة والأعداد الترتيبيّة

الأعداد الطبيعيّة من صفر إلى ١٩

zéro	صفر	0	٠	dix	عشر-ة	10	١٠
un - une	واحد - واحدة	1	١	onze	أحد عشر - إحدى عشرة	11	١١
deux	اثنان - اثنتان	2	٢	douze	اثنا عشر - اثنتا عشرة	12	١٢
trois	ثلاث-ة	3	٣	treize	ثلاث عشرة - ثلاثة عشر	13	١٣
quatre	أربع-ة	4	٤	quatorze	أربع عشرة - أربعة عشر	14	١٤
cinq	خمس-ة	5	٥	quinze	خمس عشرة - خمسة عشر	15	١٥
six	ستّ-ة	6	٦	seize	ست عشرة - ستّة عشر	16	١٦
sept	سبع-ة	7	٧	dix-sept	سبع عشرة - سبعة عشر	17	١٧
huit	ثمانٍ - ثمانية	8	٨	dix-huit	ثماني عشرة - ثمانية عشر	18	١٨
neuf	تسع-ة	9	٩	dix-neuf	تسع عشرة - تسعة عشرة	19	١٩

إنّ العدد في الفرنسيّة لا يطابق نوع المعدود إلّا في حالة الرقم واحد، مثلاً:
un ami صديق - **une amie** صديقة
بعد العدد deux وما فوق، يكون المعدود دائماً في صيغة الجمع، مثلاً:
J'ai deux robes et trois jupes. عندي فستانان وثلاث تنانير.

❶ حلّ العمليّات الحسابيّة التالية:

a. 3 + 12 = ...   c. 18 + 2 = ...   e. 3 x 3 = ...

b. 14 − 7 = ...   d. 7 − 5 = ...   f. 8 x 2 = ...

❷ رتّب الأرقام التالية من الأصغر إلى الأكبر:

seize   onze   dix-huit   quatorze   dix-neuf   treize   ~~dix~~   quinze   douze   dix-sept

dix ....

....

الأعداد الطبيعيّة والأعداد الترتيبيّة

الأعداد الطبيعيّة من ٢٠ إلى ٩٩

vingt	عشرون	20	٢٠
trente	ثلاثون	30	٣٠
quarante	أربعون	40	٤٠
cinquante	خمسون	50	٥٠

soixante	ستّون	60	٦٠
soixante-dix	سبعون	70	٧٠
quatre-vingts	ثمانون	80	٨٠
quatre-vingt-dix	تسعون	90	٩٠

يُكتَب العدد vingt بلا علامة الجمع s إذا استُعمِل لوحده أو إذا ورد بعده رقماً آخر كما في العدد quatre-vingt-dix. أمّا إذا ورد في آخر العدد كما هو الحال في quatre-vingts، فنضيف إلى آخره علامة الجمع s. مثلاً: vingt pommes عشرون تفّاحة / quatre-vingts pommes ثمانون تفّاحة / quatre-vingt-trois pommes ثلاث وثمانون تفّاحة.

لتركيب الأعداد، نبدأ دائماً بالعدد العشريّ ونلحقه برقم الآحاد ونفصل بينهما كتابيّاً بصلة الوصل بحسب القاعدة الإملائيّة المعدّلة في سنة ١٩٩٠. مثلاً: ٥٥ 55 cinquante-cinq خمسة وخمسون.

نستعمل حرف العطف et مع الأعداد الّتي تنتهي بـun أو بـonze، مثلاً:
41 ٤١ quarante-et-un واحد وأربعون و 71 ٧١ soixante-et-onze واحد وسبعون إلّا مع العددين
81 ٨١ quatre-vingt-un واحد وثمانون و 91 ٩١ quatre-vingt-onze واحد وتسعون.

من العدد soixante-dix وحتّى العدد quatre-vingts، نستعمل بعد العدد العشريّ الأعداد بين onze وdix-neuf بدلاً من الآحاد فنقول مثلاً: 75 ٧٥ soixante-quinze خمسة وسبعون. وتنطبق أيضاً هذه القاعدة من العدد quatre-vingt-dix إلى العدد cent فنقول مثلاً: 94 ٩٤ quatre-vingt-quatorze أربعة وتسعون.

الأعداد الطبيعيّة والأعداد الترتيبيّة

٣ اكتب الأرقام الموجودة بين قوسين بالأحرف.

a. Quel âge a ton grand-père ? Il a (77) ………………………………………… ans.

b. J'ai (21) ………………………………………… ans.

c. Dans ma bibliothèque, il y a (80) ………………………………………… livres.

d. Le prix de cette robe est de (85) ………………………………………… euros.

e. (45) ………………………………………… employés travaillent dans cette entreprise.

f. Ma femme a (39) ………………………………………… ans.

تحديد موعد

التاريخ، السّاعة وأيّام الأسبوع

lundi	الإثنين	jeudi	الخميس	samedi	السبت
mardi	الثلاثاء	vendredi	الجمعة	dimanche	الأحد
mercredi	الأربعاء				

كمع سائر الأسماء، لا نضع كتابيّاً حرف كبير في بدء أسماء أيّام الأسبوع إلّا إذا كانت تقع في أوّل الجملة، مثلاً: Dimanche sera ensoleillé. / **سيكون الأحد مشمساً**.
Le week-end en France est samedi et dimanche.
عطلة نهاية الأسبوع في فرنسا تقع السبت والأحد.

لتحديد موعد في الفرنسيّة نذكر العدد الطبيعي الدّال على اليوم المقصود من الشّهر، نسبقه بأداة التّعريف le ونضع وراءه فوراً اسم الشّهر، مثلاً:
La fête nationale en France est le 14 juillet. **العيد الوطنيّ في فرنسا يقع في ١٤ تمّوز.**
وإذا أردنا أيضاً ذكر يوم الأسبوع، نضع عندئذٍ أداة التّعريف le أمام اليوم، مثلاً:
Nous avons rendez-vous le mardi 4 avril. **عندنا موعد يوم الثلاثاء الواقع في ٤ نيسان.**

لكتابة التاريخ بالأرقام في الفرنسيّة، على عكس العربيّة، نبدأ من اليسار إلى اليمين فنضع أوّلاً اليوم ثمّ الشهر ثمّ السنة ونفصل بين الأرقام الثلاثة بخطّ مائل، مثلاً: 29/10/2014 ٢٠١٤/١٠/٢٩.

لتحديد السّاعة في الفرنسيّة نستعمل الأعداد من une **واحدة** إلى vingt-trois **ثلاثة وعشرين** إذ يتكوّن اليوم من أربع وعشرين ساعة، يبدأ à une heure du matin **في السّاعة الواحدة صباحاً** وينتهي à minuit **في منتصف اللّيل**، مثلاً: Il est vingt-trois heures. **إنّها السّاعة الحادية عشرة ليلاً**.
لا داعي لذكر كلمة minute(s) **(دقائق)** عند تحديد الساعة، مثلاً: Il est neuf heures douze. **السّاعة التاسعة واثنتا عشرة (دقيقة) صباحاً**.

الأعداد الطبيعيّة والأعداد الترتيبيّة

٤ اكتب التواريخ التالية بالأرقام.

a. sept mai deux-mille-quatorze : .... / .... / ....
b. quatorze juillet mille-sept-cent-quatre-vingt-neuf : .... / .... / ....
c. vingt-deux novembre deux-mille-huit : .... / .... / ....
d. neuf décembre mille-neuf-cent-quatre-vingt : .... / .... / ....
e. dix-neuf septembre mille-neuf-cent-soixante-dix-sept : .... / .... / ....
f. vingt-neuf janvier mille-neuf-cent-quarante-neuf : .... / .... / ....

٥ اجمع كلّ تاريخ بترجمته الصحيحة.

a. Vendredi 3 février 2017. •   1. • يوم السبت الواقع في ٢٥ أيّار ٢٠١٣.
b. Jeudi 5 avril 2018. •   2. • يوم الخميس الواقع في ٥ نيسان ٢٠١٨.
c. Lundi 3 juin 2019. •   3. • يوم الثلاثاء الواقع في ١٥ آذار ٢٠١٦.
d. Mardi 15 mars 2016. •   4. • يوم الجمعة الواقع في ٣ شباط ٢٠١٧.
e. Mercredi 29 octobre 2014. •   5. • يوم الإثنين الواقع في ٣ حزيران ٢٠١٩.
f. Samedi 25 mai 2013. •   6. • يوم الأربعاء الواقع في ٢٩ تشرين الأوّل ٢٠١٤.

٦ ترجم ما يلي إلى الفرنسيّة.

a. الساعة السابعة والنصف مساءً Il est ....
b. الساعة الثانية عشرة ظهراً Il est ....
c. الساعة الخامسة وعشر دقائق صباحاً Il est ....
d. الساعة العاشرة والربع Il est ....
e. الساعة الثامنة إلّا ربع ليلاً Il est ....
f. الساعة الحادية عشرة والثلث ليلاً Il est ....

الأعداد الطبيعيّة والأعداد الترتيبيّة

بنك المفردات

Il est une heure.	الساعة الواحدة.	Combien coûte... ?	كم ثمن...؟
J'ai ... ans	عمري ... سنة	ensoleillé	مشمس
minute	دقيقة	et demie* / trente	والنصف
moins le quart	إلّا الربع	et quart* / quinze	والربع
moins vingt	إلّا ثلث	euro	يورو
Quel âge as-tu ?	كم عمرك؟	Il est ... heures.	الساعة ....
Quel est le prix de ... ?	ما هو ثمن...؟	Il est midi.	الساعة الثانية عشرة ظهراً.
Quelle heure est-il ?	كم الساعة؟	Il est minuit.	الساعة الثانية عشرة ليلاً.
seconde	ثانية		
vingt	والثلث		
week-end	عطلة نهاية الأسبوع		

* من الساعة الواحدة بعد الظهر وحتى الساعة الحادية عشرة ليلاً، نستعمل عامَّةً quinze و trente بدلاً من et quart و et demie. مثلاً Il est treize heures trente. الساعة الواحدة والنصف بعد الظهر.

المئات والآلاف

على غرار العدد vingt، يُكتب العدد cent بلا علامة الجمع s إذا استعمل لوحده أو إذا ورد بعده رقم آخر كما في العدد deux-cent-trois مئتان وثلاثة.
أمّا إذا ورد في آخر العدد، فنضيف إلى آخره علامة الجمع s، مثلاً:
200 ٢٠٠ ← deux-cent**s** مئتان.

لتركيب الأعداد:
● مع المئات، نضع أوّلاً عدد المئات وبعده العدد العشري ثمّ رقم الآحاد، مثلاً:
235 ٢٣٥ ← deux-cent-trente-cinq
مئتان وخمسة وثلاثون.

● مع الآلاف، نضع أوّلاً عدد الآلاف وبعده عدد المئات ثمّ العدد العشري فرقم الآحاد، مثلاً:
1829 ١٨٢٩ ← mille-huit-cent-vingt-neuf
ألف وثمانمائة وتسعة وعشرون.

cent	مئة	100	١٠٠
deux-cents	مئتان	200	٢٠٠
trois-cents	ثلاثمائة	300	٣٠٠
quatre-cents	أربعمائة	400	٤٠٠
cinq-cents	خمسمائة	500	٥٠٠
six-cents	ستمائة	600	٦٠٠
sept-cents	سبعمائة	700	٧٠٠
huit-cents	ثمانمائة	800	٨٠٠
neuf-cents	تسعمائة	900	٩٠٠
mille	ألف	1 000	١٠٠٠
deux-mille...	ألفان...	2 000...	٢٠٠٠...

الأعداد الطبيعيّة والأعداد الترتيبيّة

7 ترجم الأعداد التالية إلى الفرنسيّة كاتباً إيّاها بالأحرف.

a. ٨٠ ....
b. ٧٥٠٠ ....
c. ١٠٤٥٢ ....
d. ٦٢٤ ....
e. ٤٣٥ ....
f. ٢٧٠ ....

الأعداد الترتيبيّة

لصياغة الأعداد الترتيبيّة في الفرنسيّة، نزيد في آخر الأعداد الطبيعيّة الملحق -ième- مثلاً: trois **ثلاثة** ← troisième **ثالث-ـة**، إلّا في حالة الرقم واحد un - une عندما يُستعمل لوحده، فنقول premier **أوّل** première **أولى**. أمّا إذا كان الرقم un في آخر عدد ما، نضيف عندها في نهايته الملحق -ième، مثلاً: vingt-et-un **واحد وعشرون** ← vingt-et-unième **حادٍ وعشرون - حادية وعشرون**.

إذا كان العدد الطبيعي ينتهي بالحرف e نحذف هذا الأخير قبل إضافة ملحق الأعداد الترتيبيّة، مثلاً: quatre **أربعة** ← quatrième **رابع-ـة**.

ولكن انتبهوا إلى الحالات الاستثنائيّة التالية:
- للعدد الطبيعيّ deux، عددان ترتيبيّان هما: deuxième **ثانٍ - ثانية** و second **ثانٍ** - seconde **ثانية**.
- مع العدد cinq، نزيد الحرف u قبل إضافة الملحق -ième:cinquième **خامس-ـة**.
- مع العدد neuf **تسعة**، نحوّل حرف f إلى v قبل زيادة الملحق -ième:neuvième **تاسع - تاسعة**.

يطابق العدد الترتيبيّ نوع وعدد المعدود فنستعمل أداة التعريف أو صفة الملكيّة الّتي تسبقه في المذكّر أو المؤنّث، المفرد أو الجمع وفقاً لحكم المعدود. مثلاً: le premier jour **اليوم الأوّل**، la première année **السنة الأولى** ؛ les premiers jours **الأيّام الأولى**، les premières années **السنوات الأولى**.

يمكن اختصار الأعداد الترتيبيّة كتابيّاً على النّحو التّالي:

premier - première	1er - 1re	أوّل - أولى
deuxième / second-e	2e / 2nd-e	ثانٍ - ثانية
troisième	3e	ثالث-ـة
quatrième...	4e...	رابع-ـة...

١٠٤

الأعداد الطبيعيّة والأعداد الترتيبيّة

٨ أكمل الجمل التالية بالعدد الترتيبي التابع للعدد الطبيعي الموضوع بين قوسين.

a. La « (25) .... heure » est un roman de l'écrivain Virgil Gheorghiu.

b. Septembre est le (9) .... mois de l'année.

c. La (5) .... République est le régime politique républicain en France.

d. Aujourd'hui, Sophie fête son (34) .... anniversaire.

e. Le joueur a marqué un but à la (88) .... minute du match.

f. Le présentateur a félicité la (1) .... gagnante du concours.

٩ أعد كتابة الجمل التالية مصحّحاً الأخطاء الواردة فيها.

a. Le seconde article du contrat est en faveur du vendeur.

➔ ....

b. Elle boit sa dixièmes tasse de café aujourd'hui !

➔ ....

c. La troisième exercice de la vingtième leçon est très difficile !

➔ ....

d. Le premier étages de ces deux immeubles sont très sombres.

➔ ....

e. Les cinquante-troisième anniversaire de mon père est demain.

➔ ....

f. Ce pays fête les cent-soixante-sixième année de son indépendance.

➔ ....

الأعداد الطبيعيّة والأعداد الترتيبيّة

10 املأ الفراغ بالعدد الترتيبي المختصر المناسب من بين الأعداد التالية: 16e - 1re - 20e - 25e - 2e - 11^e

a. A est la .... lettre de l'alphabet.
b. B est la .... lettre de l'alphabet.
c. K est la .... lettre de l'alphabet.
d. P est la .... lettre de l'alphabet.
e. T est la .... lettre de l'alphabet.
f. Y est la .... lettre de l'alphabet.

بنك المفردات

article (dans un contrat)	بند (في عقد)
concours	مسابقة
contrat	عقد
en faveur de	في صالح
étage	طابق
féliciter	هنّأَ
fêter	احتفلَ بـ
gagnant	رابح
immeuble	مبنى
indépendance	استقلال
joueur	لاعب

marquer un but	سجّلَ هدفاً
match	مباراة
présentateur	مُقدِّم (برامج)
régime politique	دستور
républicain	جمهوريّ
République	جمهوريّة

Top ! رائع!
ها أنتم قد انتهيتم من حلّ تمارين الفصل الخامس عشر.
حان الآن الوقت لجمع الرموز وتدوين عددها في الصفحة ١٢٨ للتقييم النهائي.

١٦ الماضي المركّب

صياغة الماضي المركّب

الماضي المركّب Le passé composé هو زمن من أزمنة l'indicatif **الصيغة الدلاليّة** ويعبّر عن حدث حصل في الماضي وانتهى، بشكل غير متكرّر.

يُصاغ هذا الزمن بتركيب مضارع إحدى الفعلين المساعدين être **فعل الكيان** أو avoir **فعل الملك** مع le participe passé اسم **المفعول** التابع للفعل المُراد تصريفه. مثلاً:

courir **ركضَ** ← J'ai couru. **ركضتُ**.

aller **ذهبَ** ← Tu es allé au cinéma. **ذهبتَ إلى السينما**.

يصاغ اسم المفعول كما يلي:

- مع أفعال المجموعة الأولى: نبدّل نهاية المصدر -er بالملحق -é، مثلاً:
fermer **أغلقَ** ← fermé **مُغْلَق**.

- مع أفعال المجموعة الثانية: نبدّل نهاية المصدر -ir بالملحق -i، مثلاً:
blanchir **بيّضَ** ← blanchi **مُبَيَّض**.

- ما من قاعدة موحّدة لصياغة اسم المفعول لأفعال المجموعة الثالثة. مثلاً:
cueillir **قطفَ** ← cueilli **مقطوف** ؛ boire **شربَ** ← bu **مشروب**...

---

١ اربط كلّ فعل باسم المفعول التابع له.

a. partir • • 1. appris

b. ouvrir • • 2. fait

c. attendre • • 3. paru

d. faire • • 4. attendu

e. apprendre • • 5. parti

f. paraître • • 6. ouvert

الماضي المركّب

الماضي المركّب مع "فعل الملك"

تُصرّف أغلب الأفعال الفرنسيّة في الماضي المركّب مع الفعل المساعد avoir. يتميّز هذا الفعل المساعد بجعله اسم المفعول يطابق نوع وعدد le complément d'objet direct **المفعول به المباشر** إذا ما وقع قبل الفعل في الجملة. أمّا إذا جاء المفعول به المباشر بعد الفعل في الجملة، فيظلّ اسم المفعول ثابتاً ولا يطرأ عليه أيّ تعديل كتابيّ. قارنوا مثلاً كتابة اسم المفعول في هاتين الجملتين:
Les chemises que j'ai lav**ées** sont en soie. / **غسلتُ القمصان**. J'ai lav**é** les chemises.
القمصان التي غسلتها من حرير.

٢ صرّف أفعال المجموعة الأولى التالية الموجودة بين قوسين في الماضي المركّب مع الفعل المساعد avoir.

a. Amandine et Bernard (feuilleter) .... le nouveau livre de grammaire.

b. Nous (dîner) .... avec nos collègues.

c. Ils (passer) .... une excellente soirée.

d. Victoire (jouer) .... au ballon pendant la récréation.

e. Tu (pleurer) .... de joie.

f. Emmanuel (refuser) .... de démissionner.

٣ صرّف أفعال المجموعة الثانية التالية الموجودة بين قوسين في الماضي المركّب مع الفعل المساعد avoir.

a. L'avion (atterrir) .... à seize heures.

b. La danseuse (rougir) .... de plaisir quand le public (applaudir) ....

c. Ils (frémir) .... en écoutant cette histoire terrifiante.

d. Nous (grandir) .... à la campagne.

e. J' .... (remplir) mon verre de jus d'orange.

f. Tu (obéir) .... à ta mère.

الماضي المركّب

٤ صرّف أفعال المجموعة الثالثة التالية الموجودة بين قوسين في الماضي المركّب مع الفعل المساعد avoir.

a. Camille (répondre) .... à ma question.

b. Sophie et Madeleine (prendre) .... un taxi.

c. Tu (boire) .... du thé.

d. Le chocolat (fondre) .... !

e. Ils (résoudre) .... leur problème.

f. Vous (peindre) .... les murs de votre chambre à coucher en bleu.

٥ أعد كتابة الجمل التالية مصحّحاً الأخطاء الواردة فيها.

a. J'ai perdus mon portefeuille.

→ ....

b. La robe que j'ai acheté est longue.

→ ....

c. Nous avons accueillis les invités sur le perron.

→ ....

d. Elle nous a souris.

→ ....

e. Tu as vendre ta maison.

→ ....

f. Ils ont suivis le gendarme quand il les a appelé.

→ ....

الماضي المركّب

بنك المفردات

bleu	أزرق	passer	أمضى
chambre à coucher	غرفة نوم	perron	درج مدخل
de joie	من الفرح	plaisir	سرور
démissionner	استقالَ	portefeuille	محفظة
dîner	تناولَ العشاء / عشاء	public	جمهور
gendarme	شرطيّ	question	سؤال
jus d'orange	عصير برتقال	récréation	استراحة التلاميذ في ملعب المدرسة
livre de grammaire	كتاب قواعد	taxi	سيّارة أجرة
		terrifiant-e	مرعب-ة

الماضي المركّب مع "فعل الكيان"

تُصرَّف الأفعال التالية مع الفعل المساعد être (لائحة غير حصريّة):

- aller ذهبَ / venir أتى
- tomber وقعَ
- entrer دخلَ / sortir خرجَ
- rester بقيَ
- monter صعدَ / descendre نزلَ
- passer* مرَّ
- arriver وصلَ / partir رحلَ
- retourner** عادَ
- naître وُلِدَ / mourir ماتَ
- devenir أصبحَ

• les verbes pronominaux الأفعال الضّميريّة أيّ المكوّنة من فعل يسبقه un pronom réfléchi ضمير منعكس. مثلاً: Il s'est lavé. اغتسلَ. / Nous nous sommes disputés. تشاجرنا.
للتذكير، يُمكن إضافة الضمير المُنعكس إلى أيّ فعل فنحصل على معنى الانعكاس أو التبادل. مثلاً:
réunir جمعَ (الذي يُصرَّف مع avoir في الأزمنة المركّبة) ← se réunir اجتمعَ (الذي يُصرَّف مع être).

* إذا استعمل فعل passer بمعنى أمضى وقتاً، يُصرَّف مع الفعل المساعد avoir مثلاً:
Il a passé la journée à la plage. أمضى النهار على شاطئ البحر.

** إذا استعمل فعل retourner بمعنى أعاد أو قلبَ، يُصرَّف مع الفعل المساعد avoir مثلاً:
Il a retourné le livre à la bibliothèque. أعادَ الكتاب إلى المكتبة.

عندما يُصرَّف الفعل في الأزمنة المركّبة مع الفعل المساعد être، يطابق اسم المفعول نوع وعدد الفاعل. مثلاً: Elles sont restées à la maison. بقينَ في البيت. / Ils sont partis. رحلوا.

الماضي المركّب

ولكنّ قاعدة التطابق هذه تختلف بعض الشيء مع الأفعال الضميريّة. فمعها يطابق اسم المفعول عدد ونوع الفاعل في الجملة فقط إذا وقعت نتيجة الفعل على هذا الأخير، مثلاً: Carla s'est lavée. **استحمّت كارلا.**
أمّا إذا كانت نتيجة الفعل واقعة على المفعول به المباشر في الجملة، فنتّبع في هذه الحالة نفس قاعدة تطابق اسم المفعول المستعمل مع الفعل المساعد avoir أيّ إذا وقع المفعول به المباشر قبل الفعل، يطابق اسم المفعول نوعه وعدده، مثلاً: Les affaires qu'ils se sont achetées sont chères. **الأغراض التي اشتروها لأنفسهم غالية الثمن،** أمّا إذا وقع المفعول به المباشر بعد الفعل أو إذا كان المفعول به في الجملة مفعولاً به غير مباشر، بقي اسم المفعول ثابتاً، مثلاً: Elle s'est acheté une robe. **اشترت فستاناً لنفسها.** / Ils se sont parlé. **تكلّموا مع بعضهم.**

٦ اشطب الأجوبة غير الصحيحة بين الاقتراحات الموجودة بين قوسين.

a. Elle est (devenu / devenus / devenue) architecte.
b. Ils sont (retournés / retourné / retournées) dans leur pays.
c. Lina est (né / née / nés) au Caire.
d. Elles se sont (lavé / lavées / lavée) les mains.
e. Il est (descendu / descendus / descendus) de l'escabeau.
f. Jeanne et Alexa sont (arrivé / arrivés / arrivées) !

٧ صرّف الأفعال الموجودة بين قوسين في الماضي المركّب مع الفعل المساعد être.

a. Les collègues (se réunir) .... pour le pot de départ à la retraite de Gabriel.
b. Elsa (tomber) .... en skiant.
c. Tu (passer) .... voir ta grand-mère.
d. Elles (s'énerver) .... quand j'ai annoncé ma démission.
e. François et Vincent (partir) .... avant la fin du film.
f. Vous (entrer) .... sans frapper !

الماضي المركّب

٨ صرّف كلّ من الأفعال الموجودة بين قوسين في الماضي المركّب مع الفعل المساعد المناسب وانتبه إلى كتابة اسم المفعول بشكل صحيح!

a. Victor Hugo (écrire) .... Les Misérables.

b. Aurélien (rendre) .... le collier volé.

c. Elle (sortir) .... pour faire du shopping.

d. Elles (aller) .... au restaurant.

e. Ils (se laver) .... les cheveux.

f. La tarte que nous (choisir) ....
chez le pâtissier est ma préférée.

٩ أعد كتابة الجمل التالية محوّلاً الأفعال من الحاضر إلى الماضي المركّب.

a. Je ferme la fenêtre.

→ ....

b. Elle va à la mer.

→ ....

c. Elles montent au deuxième étage.

→ ....

d. Mon fils reste dans sa chambre.

→ ....

e. Ils deviennent arrogants.

→ ....

f. Nous retournons au bureau.

→ ....

الماضي المركّب

١٠ ترجم أجوبة التمرين السابق إلى العربيّة.

a. ....
b. ....
c. ....
d. ....
e. ....
f. ....

بنك المفردات

annoncer	أعلنَ	Les Misérables	"البؤساء"
architecte	مهندس-ة معماريّ-ة	mon préféré – ma préférée	المفضّل-ة لديّ
arrogant	متعجرف	pâtissier	حلواني
avant	قبل	pot de départ	حفلة وداع
chez	عند	pour	لِـ
démission	استقالة	quand	عندما
en skiant	أثناء التزلّج	retraite	تقاعُد
escabeau	سلّم صغير	s'énerver	غضبَ
faire du shopping	تسوّقَ	volé	مسروق
fin	نهاية		
frapper	قرعَ الباب / ضربَ		
grand-mère	جدّة		
le Caire	القاهرة		

Extra ! رائع!
ها أنتم قد انتهيتم من حلّ تمارين الفصل السادس عشر.
حان الآن الوقت لجمع الرموز وتدوين عددها في
الصفحة ١٢٨ للتقييم النهائي.

الجملة الاستفهاميّة والجملة المنفيّة

الجملة الاستفهاميّة

الجملة الاستفهاميّة هي الجملة التي تطرح سؤالاً. يمكن أن نبني الجملة الاستفهاميّة في الفرنسيّة عبر:

- تغيير النبر لفظيّاً بتصعيده في نهاية الجملة المبنيّة كالجملة المثبتة، مع وضع علامة الاستفهام كتابيّاً كما نفعل مع كلّ أساليب الجمل الاستفهاميّة الأخرى، مثلاً:
Tu restes ou tu pars ? (أ)تبقى أم ترحل؟

- قلب مكان الفعل والفاعل في الجملة مع وصلهما بشرطة، مثلاً:
Voyagez-vous en classe affaires ? أتسافرون في درجة رجال الأعمال؟

انتبهوا:

← عندما ينتهي الفعل بحرف علّة ويبدأ الفاعل أيضاً بحرف علّة، نفصل بينهما بحرف t مكتوباً بين شرطتين، وذلك لأسباب لفظيّة، لتسهيل الوصل بين الكلمتين. مثلاً:
Va-t-il revenir un jour ? هل سيعود يوماً؟

← عندما يكون الفعل مصرّفاً في زمن مركّب، نضع الضمير الفاعل بين الفعل المساعد واسم المفعول، مثلاً:
As-tu obtenu ton diplôme ? هل حصلتَ على شهادتك؟

- استعمال كلمة أو عبارة استفهاميّة في بداية الجملة، مع تبديل مكان الفعل والفاعل في بعض الحالات.

نذكر من بين الكلمات الاستفهاميّة (اللائحة غير حصريّة):

comment	كيف	Comment vont-elles ?	كيف حالهنّ؟
combien / combien de	كم / كم من	Combien de livres lis-tu par mois ?	كم من كتاب تقرأ في الشهر؟
est-ce que	هل	Est-ce qu'il est au bureau ?	هل هو في المكتب؟
où	أين / إلى أين	Où habites-tu ?	أين تسكن؟
pourquoi	لماذا	Pourquoi pleure-t-il ?	لماذا يبكي؟
quand	متى	Quand partiras-tu ?	متى سترحل؟
que	ماذا	Que voulez-vous ?	ماذا تريدون؟
quel - quelle, quels - quelles	أيّ / ما	Quel est ton nom ? Quelle robe préfères-tu ? Quels amis va-t-elle voir ce soir ? Quelles sont vos revendications ?	ما اسمك؟ أيّ فستان تفضّلين؟ أيّ أصدقاء سترى هذا المساء؟ ما هي مطالبكم؟
qui	مَن	Qui est-elle ?	من هي؟

الجملة الاستفهاميّة والجملة المنفيّة

١ حوّل الجمل المثبتة التالية إلى جمل استفهاميّة بتبديل مكان الفعل والفاعل، كما في المثل:

Il a acheté un nouveau téléphone. → A-t-il acheté un nouveau téléphone ?

a. Elle part demain.

→ ....

b. Il a un petit frère.

→ ....

c. Vous êtes employés dans une banque.

→ ....

d. Ils habitent à la campagne.

→ ....

e. Tu ranges ta chambre.

→ ....

f. Elles chantent dans une chorale.

→ ....

٢ املأ الفراغ بالكلمة الاستفهاميّة المناسبة من بين ما يلي:

Où   Qui   Quelle   Est-ce que   Quand   Pourquoi

a. .... as-tu refusé son invitation ?

b. .... est la couleur de sa voiture ?

c. .... est ce jeune homme là-bas ?

d. .... ta mère a-t-elle voyagé ?

e. .... a-t-elle mis le dossier ?

f. .... tu as perdu tes clés ?

الجملة الاستفهاميّة والجملة المنفيّة

٣ ترجم جمل التمرين السابق إلى العربيّة.

a. .... d. ....
b. .... e. ....
c. .... f. ....

٤ اجمع كل سؤال بالجواب المناسب.

- a. Quel âge as-tu ?
- b. Comment s'appelle sa mère ?
- c. Pourquoi est-elle fâchée ?
- d. Où as-tu mis tes lunettes ?
- e. As-tu travaillé aujourd'hui ?
- f. Qui as-tu vu à l'anniversaire ?

- 1. Parce qu'elle s'est disputée avec son amie.
- 2. Oui, de 8 heures à 17 heures.
- 3. J'ai 30 ans.
- 4. Valentine et Jérémy.
- 5. Dans le tiroir.
- 6. Elle s'appelle Jeanne.

٥ اطرح السؤال المناسب المتعلّق بما تحته خطّ في الجمل المثبتة التالية.

a. Le directeur arrive <u>bientôt</u>.

....

b. <u>Hélène</u> a préparé le dîner.

....

c. Elle mange <u>des pâtes</u>.

....

d. Nous dînons <u>au restaurant</u>.

....

e. Ce pull coûte <u>cent euros</u>.

....

f. Camille va <u>bien</u>.

....

١١٦

الجملة الاستفهاميّة والجملة المنفيّة

بنك المفردات

dossier	ملفّ	oui	نعم
fâché	غاضب	parce que	لأنّ
invitation	دعوة	pâtes	معكرونة
jeune homme	شابّ	pull	كنزة

banque	بنك
couleur	لون

الجملة المنفيّة

نبني الجملة المنفيّة بزيادة عبارة ne ... pas / لا / لم / لن / ليسَ على الجملة المثبتة، مثلاً:
Je travaille dans un bureau. **أنا أعمل في مكتب.**
← Je **ne** travaille **pas** dans un bureau. **أنا لا أعمل في مكتب.**

أمام فعل يبدأ بحرف علّة أو بحرف h صامت، نستعمل 'n بدلاً من ne، مثلاً:
Je **n'**entends **pas** bien. **أنا لا أسمع جيّداً.**

مع الأزمنة البسيطة كالمضارع، تحيط عبارة النّفي ne ... pas بالفعل كما في المثل أعلاه، أمّا مع الأزمنة المركّبة كالماضي المركّب، فيحيط عنصرا النفي ne ... pas بالفعل المساعد، مثلاً:
Tu **n'as pas** changé ! **أنتَ لم تتغيّر!** - **أنتِ لم تتغيّري!**

يجب الانتباه إلى النقاط التالية:

- إذا كان المفعول به نكرة أو مسبوقاً بإحدى أدوات التجزئة du, de la, de l'، نبدّل أداة التنكير أو أداة التجزئة بـ de ('d أمام كلمة تبدأ بحرف علّة أو حرف h صامت)، مثلاً:
Je mange **de la** salade. **آكل سلطة.** ← Je ne mange pas **de** salade. **لا آكل سلطة.**

- إذا كانت الجملة المثبتة تحتوي على حرف العطف et و أو ou أو / أم، نستعمل في صيغة النّفي العبارة ni ... ni ...'n / ne بدلاً من ne / n'...pas. مثلاً:
Elle aime les raisins et les pommes. **هي تحبّ العنب والتفّاح.**
← Elle **n'**aime **ni** les raisins **ni** les pommes. **هي لا تحبّ لا العنب ولا التفّاح.**

- إنّ بعض الكلمات أو العبارات المستعملة في الجملة المثبتة تتغيّر في الجملة المنفيّة، نذكر منها:

dans la phrase affirmative في الجملة المثبتة	dans la phrase négative في الجملة المنفيّة
déjà **قد** Il est **déjà** parti. **قد رحل.**	encore **بعد** Il n'est pas **encore** parti. **لم يرحل بعد.**
encore **ما زال** Elle travaille **encore** au restaurant. **ما زالت تعمل في المطعم.**	plus **ما عاد** Elle ne travaille **plus** au restaurant. **ما عادت تعمل في المطعم.**

الجملة الاستفهاميّة والجملة المنفيّة

dans la phrase affirmative في الجملة المثبتة	dans la phrase négative في الجملة المنفيّة
quelque part **في مكان ما** J'ai perdu mon livre **quelque part**. أضعت كتابي في مكان ما.	nulle part **ولا في أيّ مكان** Je n'ai perdu mon livre **nulle part**. لم أُضِع كتابي ولا في أيّ مكان.
tout **كلّ شيء** Il a **tout** vendu. باع كلّ شيء.	rien **لا شيء** Il n'a **rien** vendu. لم يبع شيئاً.
aussi **أيضاً** Elle a **aussi** voyagé. هي سافرتْ أيضاً.	non plus **لا / لم / لن ... أيضاً** Elle n'a pas voyagé **non plus**. هي لم تسافر أيضاً.
quelqu'un **أحد ما** **Quelqu'un** a pris mon téléphone. أحد ما أخذ هاتفي.	personne **لا / لم / لن ... أحد** **Personne** n'a pris mon téléphone. لم يأخذ أحد هاتفي.

٦ حوّل الجمل المثبتة التالية إلى جمل منفيّة.

a. Elle achète sa viande chez le boucher.

....

b. J'ai rempli la carafe d'eau.

....

c. Jules a cassé le pot de fleurs.

....

d. Vous avez déchiré la carte d'invitation.

....

e. Ils acceptent ses excuses.

....

f. Tu parles français.

....

الجملة الاستفهاميّة والجملة المنفيّة

٧ حوّل الجمل المثبتة التالية إلى جمل منفيّة، وانتبه إلى أدوات التنكير وأدوات التجزئة.

a. Marie et Raphaël ont une fille.
....

b. Il vend des jouets pour enfants.
....

c. Nous buvons du vin.
....

d. Ils ont des informations importantes sur le sujet.
....

e. Il porte un habit noir.
....

f. J'ai versé de l'eau dans mon verre.
....

٨ حوّل الجمل المنفيّة التالية إلى جمل مثبتة.

a. Elle ne veut ni arrêter de fumer ni faire du sport.
....

b. Personne n'a frappé à la porte.
....

c. Il n'a pas de vélo.
....

d. Ils n'ont pas dit leur dernier mot non plus.
....

e. Je ne veux voyager nulle part !
....

f. Vous n'avez pas encore payé votre loyer.
....

الجملة الاستفهاميّة والجملة المنفيّة

٩ أكمل كلّ من الجمل التالية بالكلمة المناسبة من بين الكلمات التالية:

Personne | **rien** | **nulle part** | **non plus** | **plus** | **encore**

a. .... n'est venu à la soirée hier.

b. Je ne trouve mon portable .... !

c. Elle était contrariée mais elle n'a .... dit.

d. François n'est pas .... arrivé.

e. Emmanuel et Joseph se sont disputés. Ils ne se voient ....

f. Je ne vais pas assister à la réunion, ma collègue ....

١٠ اشطب الأجوبة غير الصحيحة من بين الاقتراحات الموجودة بين قوسين.

a. Elle ne veut (**tout** / **rien** / **non plus**) entendre.

b. Il (**ne** / **ni** / **n'**) a pas accepté de signer le nouveau contrat.

c. Je ne prends pas (**de** / **un** / **du**) dessert.

d. Nous n'avons (**plus** / **encore** / **tout**) parlé de ce projet.

e. Je suis fatigué : je n'ai pas pris (**des** / **de** / **d'**) vacances depuis longtemps.

f. Ce client n'est pas privilégié : il n'a pas (**d'** / **une** / **de l'**) offre particulière.

الجملة الاستفهاميّة والجملة المنفيّة

بنك المفردات

carafe	إبريق	loyer	إيجار
carte d'invitation	بطاقة دعوة	offre particulière	عرض خاصّ
contrarié	مستاء	portable	هاتف محمول
déchirer	مزّقَ	pot de fleurs	إناء زهور
depuis longtemps	منذ وقت طويل	privilégié	مميَّز
dernier	أخير	réunion	اجتماع
entendre	سمعَ	sujet	موضوع
excuse	اعتذار	vacances	عطلة
habit	لباس	vélo	درّاجة
information	معلومة	verser	صبَّ
jouet	لعبة	vin	نبيذ

Fantastique! رائع!
ها أنتم قد انتهيتم من حلّ تمارين الفصل السابع عشر.
حان الآن الوقت لجمع الرموز وتدوين عددها في
الصفحة ١٢٨ للتقييم النهائي.

  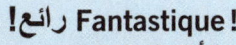

تصحيح التمارين

١- مراجعة مبادئ الأبجديّة والكتابة في الفرنسيّة

① a. Paris b. bus c. porte d. sur e. zoo f. robe

② a. Je m'appelle François. b. Je vais au travail.
c. Tu as une jolie robe.
d. Merci beaucoup ! C'est très gentil ! e. J'habite à Paris.
f. Il habite à Bruxelles, la capitale de la Belgique.

③ a. عاصمة → capitale b. مع → avec c. أمّي → maman
d. لطيفة → gentille e. فستان → robe f. يومي → quotidien

④ a. Le proverbe dit : « Abondance de biens ne nuit pas. »
b. Claire porte une nouvelle robe. Elle lui va bien.
c. Merci beaucoup ! d. Où habites-tu ?
e. Parmi les peintres célèbres, citons : Monet, Gauguin, Degas, Picasso, Cézanne… f. Lyon, Marseille et Bordeaux sont de grandes villes françaises.

⑤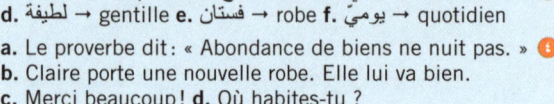

الكلمة السريّة هي: MERCI

⑥ a. rond b. Prompt rétablissement ! c. compter
d. sombre e. rang f. sans

⑦ a. ليل → nuit b. جبل → montagne c. إجاصة → poire
d. رفيع - ـة → mince e. مرحباً → bienvenue !
f. وقع → tomber

⑧ a. rêve b. célèbre c. là-bas d. grâce e. rôle f. télévision

٢- المذكّر والمؤنّث

① a. 5. ; b. 1. ; c. 6. ; d. 2. ; e. 4. f. 3.

② masculin : comptable, nouveau, fils
féminin : sœur, comptable, grand-mère, employée

③ a. o, i, j, l: joli → jolie
b. e, t, i, e, n, g, l, l: gentille → gentil
c. i, f, a, c, l, e: facile → facile
d. g, d, a, r, n: grand → grande
e. o, v, l, n, u, e, e, l: nouvelle → nouveau
f. x, c, e, l, l, e, t, n, e: excellent → excellente

④ a. ممرضة b. راقص c. صحافيّة d. بقّال e. كاتب f. بائعة

(word search grid: INFIRMIÈRE, JOURNALISTE, etc.)

---

⑤ a. l'ouvrière b. le / la journaliste c. la fille
d. le grand-père e. le boucher f. l'avocat

⑥ a. 3. ; b. 6. ; c. 5. ; d. 1. ; e. 4. ; f. 2.

⑦ a. une tasse b. une boisson c. un jus d. une orangeade
e. un verre f. une limonade

⑧ a. la tasse b. la boisson c. le jus d. l'orangeade
e. le verre f. la limonade

⑨ a. un café b. un thé c. une tisane
d. une réceptionniste e. une serveuse f. un serveur

⑩ a. l'eau b. une cuisinière c. l'ingénieure d. le facteur
e. un policier f. le / la secrétaire

٣- المفرد والجمع

① a. une bouche b. des sourcils c. des pieds d. une tête
e. un front f. une épaule

② a. la bouche b. les sourcils c. les pieds d. la tête
e. le front f. l'épaule

③ a. les orteils / l'orteil b. une tête / des têtes c. la bouche
d. des cous / un cou e. les épaules
f. des visages / un visage

④ a. 3. ; b. 4. ; c. 5. ; d. 2. ; e. 1. ; f. 6.

⑤ a. des bijoux b. les feux c. des bateaux
d. les journaux e. des carnavals f. des bals

⑥ a. des tapis b. les riz c. des gâteaux
d. des cailloux e. les hôpitaux f. des animaux

⑦ a. bocaux b. cailloux c. chapeaux d. neveux
e. bisous f. choux

⑧ a. ذراعان b. الأنف d. عيون / الشعر الشعور
e. جسم f. الركبتان

٤- فعل الكيان وفعل الملك في المضارع (الحاضر) من الحالة الدلاليّة

① a. 4. ; b. 1. ; c. 5. ; d. 3. ; e. 6. ; f. 2.

② a. 3. ; b. 6. ; c. 2. ; d. 5. ; e. 4. ; f. 1.

③ a. Il est dentiste. b. Nous sommes cousins.
c. Ils sont nouveaux dans l'entreprise. d. Tu es médecin.
e. Elle est jolie. f. Vous êtes directrices.

④ a. Marie et Claire sont sœurs. b. Vous êtes grandes.
c. Gabriel est le frère de Mathieu. d. Je suis contente.
e. Tu es triste. f. Amélie est mince.

⑤ a. Je suis avocat. b. Ils sont comptables.
c. Elles sont journalistes. d. Tu es gentil.
e. Tu es contente. f. Nous sommes institutrices.

⑥ a. 4. ; b. 1. ; c. 5. ; d. 6. ; e. 2. ; f. 3.

⑦ a. Ils ont deux enfants.
b. Marc et Lucas ont une guitare. c. J'ai une sœur.
d. Nous avons une voiture. e. Tu as faim.
f. Camélia a un beau manteau.

⑧ a. Elles ont de longs cheveux. b. Tu as un chapeau. / Vous avez un chapeau. c. Chloé a les yeux bleus. d. Nous avons de beaux bijoux. / Vous avez de beaux bijoux. e. Nous avons des tapis persans. f. Ils ont un grand nez. / Il a un grand nez.

١٢٣

تصحيح التمارين

٦- تركيب الجملة المثبتة البسيطة

① a. **La table** est cassée. → nom
b. **Le directeur de l'entreprise** organise une réunion.
→ groupe nominal c. **Elle** boit une tisane. → pronom
d. **Ils** étudient. → pronom e. **La voix de la chanteuse** est magnifique ! → groupe nominal
f. **L'institutrice** explique la leçon. → nom

② a. Le poisson nage. b. L'oiseau vole. c. Le lion rugit.
d. Le chat miaule. e. Le chien aboie. f. Le cheval galope.

③ a. intransitif b. transitif c. intransitif d. transitif
e. intransitif f. transitif

④ a. Vous habitez à Paris. b. Le chapeau est sur la table.
c. Les enfants aiment les bonbons. d. Tu travailles dans une entreprise. e. Pierre danse avec Léa. f. Marie prépare le repas.

⑤ a. COI b. COD c. COI d. COI e. COD f. COD

⑥ a. La mère raconte une histoire à ses enfants.
b. L'élève récite un poème. c. La journaliste rédige un article. d. Je repasse la chemise. e. J'indique le chemin au passant. f. Elle lit le journal.

⑦ a. Nous avons une voiture. b. Il attend le bus.
c. Elle porte une robe. d. Tu offres un cadeau à Sandra.
e. Ils ont un chien. f. Christophe envoie un colis à son ami.

⑧ a. Il part à huit heures. → complément circonstanciel de temps b. Elle est réceptionniste dans un hôtel.
→ complément circonstanciel de lieu c. Les élèves déjeunent à la cantine. → complément circonstanciel de lieu d. Camille arrive bientôt. → complément circonstanciel de temps e. Je dors sur le canapé.
→ complément circonstanciel de lieu f. Aujourd'hui, je travaille. → complément circonstanciel de temps

⑨
	sujet فاعل	verbe فعل	COD مفعول به مباشر	COI مفعول به غير مباشر	attribut خبر	complément circonstanciel ظرف
a.	Je prépare le repas <u>dans la cuisine</u>.					X
b.	L'élève offre un cadeau <u>à l'institutrice</u>.				X	
c.	Elle écrit <u>un poème</u>.			X			
d.	<u>Tu</u> dors tôt.	X					
e.	Il <u>boit</u> un café.		X				
f.	La soupe est <u>chaude</u>.					X	

⑩ a. أحضّر وجبة الطعام في المطبخ.
b. يقدّم التلميذ هديّة للمدرّسة. / التلميذ يقدّم هديّة للمدرّسة.
c. هي تكتب قصيدة.
d. أنتَ تنام باكراً. / أنتِ تنامين باكراً.
e. هو يشرب قهوة.
f. الحساء ساخن.

① a. Vous avez un appartement. b. Il a deux frères.
c. Elles ont de belles / jolies robes. d. Tu as un livre.
e. Vous avez un rêve. f. J'ai un fils.

⑩ a. La Terre est ronde.
b. Nous avons des cousins paternels.
c. J'ai une épouse formidable ! d. Elle est boulangère.
e. Les pièces de cet appartement sont sombres.
f. Vous avez / êtes une gentille grand-mère.

٥- الصفة

① a. des étagères hautes b. une soupe froide
c. un verre plein d. une porte fermée e. des valises lourdes
f. un plat salé

② a. des étagères basses b. une soupe chaude
c. un verre vide d. une porte ouverte
e. des valises légères f. un plat sucré

③ a. un vieux grand-père b. des boîtes carrées
c. un ciel bleu d. la troisième fois e. une pomme acide
f. un bon dessert

④ a. des jupes courtes b. une petite fille
c. un étudiant intelligent d. un chocolat amer
e. une fenêtre ouverte f. des visages laids

⑤
J	A	U	N	E	C	V
R	O	U	G	E	O	E
U	B	L	A	N	C	R
B	L	E	U	L	E	T
U	R	N	O	I	R	S

الكلمة السرّيّة هي: COULEURS

⑥ a. des yeux bleus b. des dents blanches
c. une plante verte d. des cheveux noirs
e. des cerises rouges f. des prunes jaunes

⑦ a. des étagères marron b. des voitures bleues
c. des chapeaux vert clair d. une étoffe gris foncé
e. des chemises roses f. des chaussettes orange

⑧
الجنسيّة في المؤنّث الجمع	الجنسيّة في المذكّر الجمع	الجنسيّة في المؤنّث المفرد	الجنسيّة في المذكّر المفرد	البلد
canadiennes	canadiens	canadienne	canadien	Canada
grecques	grecs	grecque	grec	Grèce
égyptiennes	égyptiens	égyptienne	égyptien	Égypte
allemandes	allemands	allemande	allemand	Allemagne
françaises	français	française	français	France
chinoises	chinois	chinoise	chinois	Chine

⑨ a. Les Libanais sont francophones.
b. J'ai un ami anglais. c. L'italien est une belle langue.
d. La cuisine marocaine est délicieuse.
e. Ma mère est espagnole.
f. Le nouveau directeur est belge.

تصحيح التمارين

٧- أفعال المجموعة الأولى بالمضارع (الحاضر) من الحالة الدلاليّة

① a. nous aim**ons** b. elle aim**e** c. tu aim**es** d. ils aim**ent**
e. vous aim**ez** f. j'aim**e**

② a. Tu repasses la nouvelle robe. b. Elles travaillent à Paris. c. Vous déjeunez dans un restaurant.
d. Les oiseaux volent et les chevaux galopent.
e. J'explique le problème à Sarah. f. La directrice organise un voyage.

③ a. Nous lavons les assiettes sales. b. Il range les livres dans la bibliothèque. c. Les feuilles des arbres tombent en automne. d. Tu fermes la fenêtre. e. Elles voyagent à Paris bientôt. f. Vous écoutez de la musique.

④ a. 4. ; b. 3. ; c. 6. ; d. 1. ; e. 5. ; f. 2.

⑤
je	parle	nous	**parlons**
tu	**parles**	vous	parlez
il	parle	ils	**parlent**
elle	**parle**	elles	**parlent**

⑥ a. Ils préparent le café. b. Elles mangent les cerises.
c. Le directeur présente la nouvelle employée.
d. Elle porte une chemise verte. e. Vous fermez la porte.
f. Tu cries.

⑦ a. J'apporte une boîte de chocolats. b. Aurélien discute avec Nicolas. c. Vous indiquez le chemin au passant.
d. Les élèves entrent dans la classe. e. Augustin et Louise regardent un film. f. Nous racontons une histoire.

⑧ a. acceptez b. donne c. cherche d. sautent
e. refusons f. aides

الكلمة السريّة هي: MARCHER

⑨ a. Le chien aboie. b. Nous nettoyons la chambre.
c. Tu paies la facture. d. Sarah essaie une nouvelle jupe.
e. Vous essuyez la table. f. Elles appuient sur le bouton.

⑩ a. J'épelle mon nom. b. Nous époussetons les étagères.
c. Elle congèle la viande. d. Il feuillette le livre. e. Vous rappelez le client. f. Tu renouvelles l'abonnement.

٨- أفعال المجموعة الثانية بالمضارع (الحاضر) من الحالة الدلاليّة

① a. je grandis b. nous grandissons c. elle grandit
d. elles grandissent e. vous grandissez f. tu grandis

② a. Le lion rugit. b. Ils bâtissent un mur.
c. Je réfléchis à ce problème. d. Il remplit la tasse.
e. Les tomates du jardin mûrissent. f. Tu maigris !

③ a. Ils frémissent de peur. b. Le jardin fleurit au printemps. c. La cuisinière farcit la dinde de Noël.
d. Tu es malade : tu vomis. e. Les feuilles des arbres jaunissent en automne. f. Elles rougissent de honte.

④ a. il jaunit b. elles farcissent c. ils fleurissent
d. vous rougissez e. nous frémissons f. je vomis

⑤
nous	accomplissons	vous	accomplissez
elles	accomplissent	il	accomplit
j'	accomplis	ils	accomplissent
tu	accomplis	elle	accomplit

⑥ a. Nous salissons la nappe. b. Ils applaudissent.
c. La directrice réunit les employés.
d. Tu choisis la robe blanche. e. Elles mangent beaucoup et grossissent. f. Elle saisit un bâton.

⑦ a. L'avion atterrit à l'aéroport d'Orly.
b. Les cheveux de Léa blanchissent. c. La voiture ralentit au feu orange. d. Les mères nourrissent les enfants. e. Les élèves obéissent à la maîtresse.
f. Tu réussis à l'examen.

⑧
a.	G	R	O	S	S	I	R		
b.			O	B	É	I	R		
c.	N	O	U	R	R	I	R		
d.	A	G	R	A	N	D	I	R	
e.	N	O	I	R	C	I	R		
f.	G	R	A	N	D	I	R		

الفعل هو: ROUGIR

⑨ a. je réussis b. ils réussissent c. vous réussissez
d. tu réussis e. elle réussit f. elles réussissent

⑩ a. L'huile d'olive adoucit la peau. b. Les pommes moisissent dans le panier. c. J'assortis la chemise avec la jupe. d. Cette rue aboutit à une impasse. e. Il pâlit de colère. f. La couleur blanche éclaircit la pièce.

٩- أفعال المجموعة الثالثة بالمضارع (الحاضر) من الحالة الدلاليّة

① a. 3. ; b. 5. ; c. 6. ; d. 1. ; e. 2. ; f. 4.

② a. descendre b. courir c. pouvoir d. rire e. voir f. vouloir

③ a. Elle offre un cadeau à Marie. b. Tu bois un verre d'eau. c. La glace fond avec cette chaleur. d. Je crois Julie : elle dit la vérité. e. Nous accueillons les invités.
f. Vous rendez la clé de la chambre.

④ a. Nous partons demain. b. Les étudiants lisent un roman de Victor Hugo. c. Les artistes peignent un beau tableau. d. Ils connaissent le directeur.
e. Elles sourient. f. Les danseuses paraissent douées.

١٢٤

تصحيح التمارين

le nôtre. **e.** Notre hôtel est propre et le sien est sale.
f. Vous modifiez votre réservation et nous modifions la nôtre.

⑦ **a.** Je répare mes ordinateurs et il répare les siens.
b. Nous vendons nos voitures et vous vendez les vôtres.
c. Ils posent leurs livres sur la table et nous posons les nôtres sur le bureau. **d.** Elle repasse ses jupes et tu repasses les tiennes. **e.** François choisit ses plats au restaurant et Valérie choisit les siens. **f.** Rebecca prend ses valises et je prends les miennes.

⑧ **a.** Tu accueilles tes invités et j'accueille les miens.
b. Vous plantez des fleurs dans votre jardin et nous plantons des arbres dans le nôtre. **c.** Il dort dans son lit et elle dort dans le sien. **d.** Vous résolvez leurs problèmes et ils résolvent les vôtres. **e.** Vous perdez vos clés et elles perdent les leurs. **f.** Elles mangent leurs pommes et tu manges la tienne.

⑨ **a.** la vôtre **b.** la tienne **c.** les siens **d.** le leur
e. la mienne **f.** Votre

⑩ **a.** le vôtre **b.** le tien **c.** la leur **d.** la mienne
e. la sienne **f.** les tiens

١١- صفات وضمائر الإشارة

① **a.** Ce cuisinier travaille dans un grand hôtel.
b. Cet arbre est un cèdre. **c.** Ces fruits sont mûrs.
d. Cette table est ronde. **e.** Ce temps est magnifique !
f. Cette soirée est agréable.

② **a.** Cette voiture est mal garée. **b.** Ce bus dessert la gare.
c. Cette école est fermée. **d.** Cet oiseau fait son nid.
e. Ces danseuses présentent un joli ballet. **f.** Ces peintres sont talentueux.

③ **a.** Cet hôtel est luxueux. **b.** Ce train est en panne.
c. Cet élève est studieux. **d.** Cet enfant est turbulent.
e. Cette chanson est mélancolique. **f.** Cet escalier est dangereux.

④ **a.** Cet écolier a de bonnes notes. **b.** Cet infirmier travaille à l'hôpital. **c.** Cette directrice est respectée.
d. Cet instituteur explique une règle de grammaire.
e. Cette employée est ponctuelle. **f.** Cette chanteuse est célèbre.

⑤ **a.** هذه التلميذة لديها علامات جيّدة. **b.** هذا المدير محترم. **c.** هذه الممرّضة تعمل في المستشفى.
d. هذا الموظف دقيق في مواعيده. **e.** هذه المدرّسة تشرح قاعدة نحو. **f.** هذا المغنّي مشهور.

⑥ **a.** Ces plantes sont magnifiques ! / Cette plante est magnifique ! **b.** Ces poupées sont à Carla. / Cette poupée est à Carla. **c.** Cette chaleur est insupportable ! **d.** Ces lunettes sont cassées.
e. Cet exercice est difficile. **f.** Cette étagère est haute.

⑦ **a.** celui-ci **b.** celui-là **c.** celles **d.** celle **e.** ceux-ci
f. celles-ci

⑧ **a.** Ces tableaux sont de Monet et ceux-ci sont de Renoir.
b. Ces vins sont de Bordeaux et ceux-ci sont de Bourgogne.

---

⑤
nous	faisons	tu	fais
elle	fait	vous	faites
il	fait	elles	font
je	fais	ils	font

⑥ **a.** هو يخسر الرهان! **c.** هي تذهب إلى السينما. **b.** نحن نفتح النوافذ.
d. هنّ يأخذنَ مفاتيح السيّارة. **e.** هم يعودون / يرجعون غداً.
f. الرسّام يخرج من المشغل.

⑦ **a.** Nous allons au théâtre. **b.** Tu vas à Montréal.
c. Vous allez au restaurant. **d.** Ils vont à la cantine.
e. Elle va à l'aéroport. **f.** Je vais à la gare.

⑧ **a.** Nous accueillons le visiteur. **b.** Tu cueilles des fleurs dans le jardin. **c.** Vous vendez l'appartement.
d. Elles mentent ! **e.** Elle conduit une nouvelle voiture.
f. Il peint le mur.

⑨
Le verbe الفعل	1er groupe المجموعة الأولى	2e groupe المجموعة الثانية	3e groupe المجموعة الثالثة
passer	x		
savoir			x
sentir (participe présent : sentant)			x
répondre			x
copier	x		
agir (participe présent : agissant)		x	

⑩ **a.** Vous dormez dans le grand lit. **b.** Ils obtiennent toujours ce qu'ils veulent ! **c.** Julien résout le problème.
d. Paloma rend les clés de l'appartement. **e.** Camille et Chloé viennent à la fête. **f.** Nous suivons Léon dans la rue.

١٠- صفات وضمائر الملكيّة

① **a.** mon frère **b.** ma mère **c.** mon épaule **d.** mes dents
e. mes yeux **f.** mon journal

② **a.** ta nièce **b.** ton travail **c.** ton appartement
d. tes cousins **e.** tes clés **f.** ton hôtel

③ **a.** ses **b.** sa **c.** ses **d.** ses / son **e.** ses **f.** son

④ **a.** Je réussis mes examens. **b.** Nous récitons nos poèmes. **c.** Elle arrose ses plantes. **d.** Georges et Antoine paient leurs factures. **e.** Nous comprenons ses explications. **f.** Vous discutez avec vos frères.

⑤ **a.** مكتبي **b.** حقائبهنّ **c.** حقائبهما / طبيبهما / طبيبه
d. دميتها / دميته **e.** أمّهنّ / أمّهم / أمّهما **f.** مجوهراتكِ / مجوهراتكَ

⑥ **a.** Nous nettoyons notre chambre et vous nettoyez la vôtre. **b.** Elle parle avec son amie et tu parles avec la tienne. **c.** Léon préfère mon tableau et Jade préfère le leur. **d.** Nous découvrons leur pays et ils découvrent

تصحيح التمارين

⑨ a. Leïla voyage en avion à Paris. b. Ma grand-mère va au marché. c. Le printemps commence en mars. d. Ma soupe est sans sel ! e. Nous mangeons au restaurant. f. Mon frère dort dans sa chambre.

⑩ a. dans b. sans / avec c. à, en d. avec e. chez f. de

١٣- المستقبل البسيط والمستقبل القريب

① a. discuteront b. chantera c. finirai d. parleront e. visiteras f. dansera

② a. Paul et Virginie arriveront demain à Nice. b. Vous pèserez la valise. c. Juliette élèvera seule ses enfants. d. Nous rappellerons nos amis ce soir. e. Thomas achètera une nouvelle voiture. f. Je congèlerai la tarte aux pommes.

③ a. assisterai b. mettra c. renouvelleras d. mûriront e. travailleront f. aidera

④ a. ستضع أمّه مجوهراتها في الخزنة. b. سأشاهد غداً مسرحيّة. c. ستجدّد - ستجدّدين اشتراكك في النادي الرياضي. d. ستنضج هذه الفواكه الجميلة في الصيف. e. سيعملان / سيعملون في نفس الشركة. f. ستساعد كامي أخاها في ترتيب غرفته.

⑤
j'	apporterai	nous	apporterons
tu	apporteras	vous	apporterez
il	apportera	ils	apporteront
elle	apportera	elles	apporteront

⑥
a. nous pourrons / pouvoir سنستطيع
b. tu sauras / savoir ستعرف - ستعرفين
c. vous ferez / faire ستفعلون/ستفعلنّ
d. ils tiendront / tenir سيمسكان / سيمسكون
e. je verrai / voir سأرى f. elle viendra / venir ستأتي

⑦ a. je serai / j'aurai b. nous serons / nous aurons c. tu seras / tu auras d. il – elle sera / il – elle aura e. ils – elles seront / ils – elles auront f. vous serez / vous aurez

⑧ a. Tu vas réussir ton projet. b. Elle va préparer le dîner. c. Ils vont assister à une pièce de théâtre. d. Je vais voyager en France. e. Nous allons apporter le dessert. f. Vous allez partir après le déjeuner.

⑨ a. Tu vas envoyer une carte postale à tes cousins. b. Les cerises vont moisir dans le frigo. c. Nous allons marcher sur la plage. d. Cette discussion va aboutir à une dispute. e. Les enfants vont jouer dans le jardin. f. Je vais concrétiser ce projet bientôt.

١٤- حروف العطف

① a. ni, ni b. mais c. mais d. mais e. ni, ni f. mais

② a. est, et b. est, et c. est d. est, et, est e. est, et f. et

③ a. Où b. où c. ou d. ou e. ou f. où

---

c. Elle range ses livres et ceux de sa sœur. / Elles rangent leurs livres et ceux de leurs sœurs. d. Ces assiettes sont en porcelaine et celles-ci sont en verre. e. Ces chaussettes sont vertes et celles-là sont bleues ! f. Ces filles sont mes sœurs et celles-ci sont les sœurs de Michel.

⑨ a. Ce gâteau est au chocolat et celui-ci / celui-là est aux fruits rouges. b. Cette boîte est vide et celle-ci / celle-là est pleine. c. Ces bijoux sont à ma mère et ceux-ci / ceux-là sont à ma tante. d. Ce chapeau est en paille et celui-ci / celui-là est en tissu. e. Cet enfant pleure sans cesse et celui-ci / celui-là est toujours souriant. f. Ta tisane est amère et celle de Norma est sucrée.

⑩ a. Cette fille joue à la poupée et celle-là saute à la corde. b. Cet invité chante et celui-ci danse. c. Ce théâtre est grand et celui-là est petit. d. Cette dame est très élégante et celle-ci est mal habillée. e. Cet arbre est un pommier et celui-ci est un olivier. f. Cet homme est courageux et celui-là est lâche.

⑪ a. celui b. celles c. celles d. ceux e. celle f. celui

١٢- بعض حروف الجرّ الأكثر استعمالاً

① a. à b. à c. à d. à e. a f. à

② a. Carine parle de son problème à son amie. b. Ma tarte préférée est la tarte aux fraises. c. Le cahier de cet élève est déchiré ! d. Le menu du restaurant est varié. e. Cette mode vient des États-Unis. f. Nous allons au théâtre ce soir.

③ a. Joseph et Antoine vont au cinéma. b. Notre famille est invitée au mariage de Clémence. c. Il travaille du matin au soir. d. Je suis au bureau maintenant. e. Tu offres un luxueux cadeau aux jeunes mariés. f. Le « duo des fleurs » est un air d'opéra célèbre.

④ a. dans b. en c. en d. en e. dans f. dans

⑤
S	E	P	
A	J	U	I	N	E	T
V	E	I	M	V
R	M	L	M	A	R	S
	A	L	B	I	R
L	E		E	E
O	C	T	O	B	R	E

الكلمة السرّيّة هي: SEPTEMBRE

⑥ a. Les oiseaux chantent au printemps. b. Je vais au travail à vélo. c. L'été commence en juin. d. En France, la fête des Mères est en mai. e. Les livres sont dans / à la bibliothèque. f. Ma famille vit au Liban.

⑦ a. hiver b. été c. été d. printemps e. automne f. hiver

⑧ a. ميلودي تلعب مع أخيها. b. هو يصل بعد أسبوع. c. هو يذهب عند الطبيب. d. السيّارة في المرآب. e. نحن نعمل في بلجيكا. f. أنتما تذهبان / أنتم تذهبون / أنتنّ تذهبن إلى شاطئ البحر.

تصحيح التمارين

④ a. donc b. donc c. or d. or e. donc f. or

⑤ a. mais b. car c. mais d. car e. mais f. car

⑥ 1. b. ; 2. d. ; 3. f. ; 4. e. ; 5. c. ; 6. a.

⑦ a. donc b. et c. donc d. et e. donc f. et

⑧ a. سأشتري الفواكه والخضار. b. هو يذاكر إذاً سينجح في الامتحان. c. ستهبط الطائرة إذاً الركاب يربطون أحزمتهم. d. هذه القهوة بدون سكّر إذاً هي مرّة. e. هذه الفتاة جميلة وذكيّة. f. في حفلة المدرسة، سنغنّي وسنرقص.

⑨ a. et, ou, et b. car c. mais d. et e. or f. donc

⑩ a. 4. ; b. 6. ; c. 1. ; d. 2. ; e. 3. ; f. 5.

⑪ a. Il mange de la viande mais il préfère le poulet.
b. Son visage est rouge car elle est en colère.
c. Cette leçon est longue et difficile !
d. L'ordinateur est en panne, or il est neuf !
e. Vous préférez voyager en avion ou en train ?
f. Cet employé travaille bien donc son directeur est content.

١٥- الأعداد الطبيعيّة والأعداد الترتيبيّة

① a. 15 ; b. 7 ; c. 20 ; d. 2 ; e. 9 ; f. 16

② dix, onze, douze, treize, quatorze, quinze, seize, dix-sept, dix-huit, dix-neuf

③ a. soixante-dix-sept b. vingt-et-un c. quatre-vingts d. quatre-vingt-cinq e. Quarante-cinq f. trente-neuf

④ a. 7 / 5 / 2014 b. 14 / 7 / 1789 c. 22 / 11 / 2008 d. 9 / 12 / 1980 e. 19 / 9 / 1977 f. 29 / 1 / 1949

⑤ a. 4. ; b. 2. ; c. 5. ; d. 3. ; e. 6. ; f. 1.

⑥ a. Il est dix-neuf heures trente. b. Il est midi.
c. Il est cinq heures dix. d. Il est dix heures et quart / quinze. ; Il est vingt-deux heures quinze. e. Il est vingt heures moins le quart. f. Il est vingt-trois heures vingt.

⑦ a. quatre-vingts b. sept-mille-cinq-cents c. dix-mille-quatre-cent-cinquante-deux d. six-cent-vingt-quatre e. quatre-cent-trente-cinq f. deux-cent-soixante-dix

⑧ a. vingt-cinquième b. neuvième c. cinquième d. trente-quatrième e. quatre-vingt-huitième f. première

⑨ a. second b. dixième c. Le d. Les premiers e. Le f. la

⑩ a. 1re b. 2e c. 11e d. 16e e. 20e f. 25^e

١٦- الماضي المركّب

① a. 5 b. 6 c. 4 d. 2 e. 1 f. 3

② a. ont feuilleté b. avons dîné c. ont passé d. a joué e. as pleuré f. a refusé

③ a. a atterri b. a rougi / a applaudi. c. ont frémi d. avons grandi e. ai rempli f. as obéi

④ a. a répondu b. ont pris c. as bu d. a fondu e. ont résolu f. avez peint

⑤ a. perdu b. achetée c. accueilli d. souri e. vendu f. suivi, appelés

⑥ a. devenue b. retournés c. née d. lavé e. descendu f. arrivées

⑦ a. se sont réunis / réunies b. est tombée c. es passé / passée d. se sont énervées e. sont partis f. êtes entrés / entrées

⑧ a. a écrit b. a rendu c. est sortie d. sont allées e. se sont lavé f. avons choisie

⑨ a. J'ai fermé la fenêtre. b. Elle est allée à la mer. c. Elles sont montées au deuxième étage. d. Mon fils est resté dans sa chambre. e. Ils sont devenus arrogants. f. Nous sommes retournés / retournées au bureau.

⑩ a. صعدنَ إلى الطابق الثاني. b. أغلقتُ النافذة. c. ذهبتْ إلى البحر. d. أصبحا متعجرفَيْن. / أصبحوا متعجرفين. e. بقي ابني في غرفته. f. عدنا إلى المكتب.

١٧- الجملة الاستفهاميّة والجملة المنفيّة

① a. Part-elle demain ? b. A-t-il un petit frère ? c. Êtes-vous employés dans une banque ? d. Habitent-ils à la campagne ? e. Ranges-tu ta chambre ? f. Chantent-elles dans une chorale ?

② a. Pourquoi b. Quelle c. Qui d. Quand e. Où f. Est-ce que

③ a. لماذا رفضتَ-رفضتِ دعوتهـدعوتها؟ b. من هو هذا الشابُّ هناك؟ c. ما هو لون سيّارته-سيّارتها؟ d. أين وضعت الملفّ؟ e. متى سافرت أمّك؟ f. هل أضعتَ-أضعتِ مفاتيحك؟

④ a. 3. ; b. 6. ; c. 1. ; d. 5. ; e. 2. ; f. 4.

⑤ a. Quand arrive le directeur ? b. Qui a préparé le dîner ? c. Que mange-t-elle ? d. Où dînez-vous ? / Où dînons-nous ? e. Combien coûte ce pull ? f. Comment va Camille ?

⑥ a. Elle n'achète pas sa viande chez le boucher. b. Je n'ai pas rempli la carafe d'eau. c. Jules n'a pas cassé le pot de fleurs. d. Vous n'avez pas déchiré la carte d'invitation. e. Ils n'acceptent pas ses excuses. f. Tu ne parles pas français.

⑦ a. Marie et Raphaël n'ont pas de fille. b. Il ne vend pas de jouets pour enfants. c. Nous ne buvons pas de vin. d. Ils n'ont pas d'informations importantes sur le sujet. e. Il ne porte pas d'habit noir. f. Je n'ai pas versé d'eau dans mon verre.

⑧ a. Elle veut arrêter de fumer et faire du sport. b. Quelqu'un a frappé à la porte. c. Il a un vélo. d. Ils ont dit aussi leur dernier mot. e. Je veux voyager quelque part ! f. Vous avez déjà payé votre loyer.

⑨ a. Personne b. nulle part c. rien d. encore e. plus f. non plus.

⑩ a. rien b. n' c. de d. plus e. de f. d'

جدول التقييم الذاتي

أحسنتم! لقد أتممتم حلّ تمارين هذا الدفتر! حان الآن الوقت لتحليل مهاراتكم ولجمع الرموز للحصول على التقييم النهائي. دوّنوا المجموع الفرعي لكلّ فصل في الخانات أدناه ثمّ اجمعوها للحصول على العدد النهائي للرموز من كلّ لون. وأخيراً، اكتشفوا نتيجتكم!

☺ ☹ ☻		☺ ☹ ☻
☐ ☐ ☐	٩- أفعال المجموعة الثالثة في المضارع (الحاضر)	١- مراجعة مبادئ الأبجديّة والكتابة في الفرنسيّة
☐ ☐ ☐	١٠- صفات وضمائر الملكيّة	٢- المذكّر والمؤنّث
☐ ☐ ☐	١١- صفات وضمائر الإشارة	٣- المفرد والجمع
☐ ☐ ☐	١٢- بعض حروف الجرّ الأكثر استعمالاً	٤- فعل الكيان وفعل الملك في المضارع (الحاضر) من الحالة الدلاليّة
☐ ☐ ☐	١٣- المستقبل البسيط والمستقبل القريب	
☐ ☐ ☐	١٤- حروف العطف	٥- الصفة
☐ ☐ ☐	١٥- الأعداد الطبيعيّة والأعداد الترتيبيّة	٦- تركيب الجملة المثبتة البسيطة
☐ ☐ ☐	١٦- الماضي المركّب	٧- أفعال المجموعة الأولى في المضارع (الحاضر)
☐ ☐ ☐	١٧- الجملة الاستفهاميّة والجملة المنفيّة	٨- أفعال المجموعة الثانية في المضارع (الحاضر)

☐ ☐ ☐ .... المجموع لكلّ الفصول

لقد حصلتم على أكثريّة...

☺ **Super!** ممتاز!
أنتم متمكّنون الآن من الأساسيّات الأكثر إفادة في اللغة الفرنسيّة، وأصبحتم جاهزين للمستوى الأعلى!

☹ **Pas mal!** وسط!
ولكن يمكنكم تحسين مستواكم أكثر... أعيدوا حلّ التمارين التي صعبت عليكم وراجعوا الدروس!

☻ **Persévérez!** محاولة ثانية!
تحتاجون إلى المزيد من التطبيق... أعيدوا قراءة كلّ الدروس قبل حلّ التمارين من جديد.

Crédits iconographiques : Shutterstock.

Mise en pages : Élodie Bourgeois pour Lunedit
Réalisation : lunedit.com
© 2020 Assimil
Dépôt légal : juin 2020

N° d'édition : 3964
ISBN : 978-2-7005-0847-5
www.assimil.com
Imprimé en Slovénie par DZS